Armin Rose

600 coole Krabbler

Armin Rose

600 COOLE KRABBLER

Was krabbelt denn da hinterm Haus?
Unsere winzigen Nachbarn erzählen aus ihrem Leben – Ein Krabbeltierführer

Herausgegeben vom Schleswig-Holsteinischen Heimatbund

KJM Buchverlag

Gewidmet meiner lieben Familie

Juna, Janik und Tina,

ohne deren Neugierde, Liebe und Geduld dieses Buch nicht möglich gewesen wäre.

♥

… und meinem besten Schulfreund

Andreas Rabenstein,

mit dem ich als Kind immer über Wiesen und Felder streifte, um Insekten zu suchen. Wir haben einander dabei inspiriert. Ohne ihn hätte ich wohl nicht Biologie studiert und dieses Buch hätte es nie gegeben. Ich wollte es ihm so gerne noch zeigen und er freute sich schon darauf. Leider war das Schicksal nicht gnädig und es hat nicht mehr sollen sein. Ich hoffe, es gibt da, wo er jetzt ist, ebenfalls viel zu entdecken.

Armin

Liebe Naturforscherin, lieber Naturforscher,

bestimmt hast du es auch schon gehört und gesehen: ob im Wald, auf der Wiese oder eben im eigenen Garten – überall summt, brummt und krabbelt es. Das ist nicht verwunderlich, schließlich gibt es fast eine Million bekannter Insektenarten auf der Erde. Und sie alle unterscheiden sich – mehr oder weniger – in Form, Farbe und Lebensweise. Doch sie sind nicht nur schön anzusehen, sondern werden für das Leben auf der Erde dringend gebraucht. Insekten bestäuben Obst- und Gemüsepflanzen, recyceln Stoffe wie altes Holz, produzieren Honig und dienen anderen Tieren als Nahrung.

Leider gibt es in den letzten Jahrzehnten immer weniger der kleinen Krabbler, weil sie zum Beispiel nicht genug Nahrung finden. Wir vom Schleswig-Holsteinischen Heimatbund finden, dass es so nicht weitergehen kann. Deshalb wollen wir mit diesem Buch junge Menschen wie dich dazu anspornen, rauszugehen, die Natur zu erkunden und die vielfältigen Insektenarten vor deiner Haustür kennenzulernen. Denn nur was man kennt, kann man auch schützen.

Viel Spaß beim Bestimmen und Entdecken!

Peter Stoltenberg

Präsident des Schleswig-Holsteinischen Heimatbundes

Schleswig-Holsteinischer
HEIMAT
BUND

Impressum

Gefördert durch BINGO! Die Umweltlotterie, die KARL KAUS STIFTUNG für Tier und Natur, O.S. Energy Marine Power Solutions und BioConsult SH GmbH & Co. KG.

Alle Angaben in diesem Buch erfolgen nach bestem Wissen und Gewissen. Fehlbestimmungen sind jedoch nie auszuschließen.
Der Autor entschuldigt sich, falls solche aufgetreten sein sollten. Verlag und Autor übernehmen keine Haftung für sich daraus ergebende Personen-, Sach- und Vermögensschäden. Dabei müssen geltende rechtliche Bestimmungen und Vorschriften eingehalten werden.

Überarbeitete zweite Auflage März 2024

Simrockstr. 9a, 22587 Hamburg
www.kjm-buchverlag.de
ISBN 978-3-96194-200-8

Alle Fotos stammen von Armin Rose und entstanden ganz überwiegend von 2013 bis 2023 in einem Garten auf Nordstrand.

Arten auf dem Cover: links, von oben: *Coenagrion pulchellum* (Fledermaus-Azurjungfer), *Graphocephala fennahi* (Rhododendronzikade), *Platypalpus* (eine Buckeltanzfliege); rechts, von oben: *Athalia rosae* (Rübsen-Blattwespe), *Psylliodes dulcamarae* (Nachtschatten-Flohkäfer, helle Form), *Aglais urticae* (Kleiner Fuchs)

Arten auf der Rückseite: *Javesella pellucida* (Wiesenspornzikade), *Acupalpus exiguus* (Dunkler Buntschnellläufer), *Pyrochroa serraticornis* (Rotköpfiger Feuerkäfer), *Tetragnatha montana* (Bergstreckerspinne)

Gestaltungsentwurf: Dr. Armin Rose (www.zwergenfreunde.de)
Satz, Gestaltung, Herstellung: Svenja Wiese, Hamburg
Cover und Umschlaggestaltung: Rothfos & Gabler, Hamburg, unter Verwendung von Fotos von Dr. Armin Rose
Korrektorat: Rainer Kolbe, Hamburg
Druck & Bindung: Belvédère, Oosterbeek, Niederlande
Printed in Europe

Mehr zu unseren Büchern: www.kjm-buchverlag.de

Kann es jetzt endlich losgehen? Die anderen warten schon!
eine Trauermücke

600 coole Krabbler hinterm Haus

Für alle Neugierigen!

Nanu?

Wer liest denn so ein Buch über Krabbeltiere? Ich stelle mir vor, du bist ein mittelgroßer oder sogar großer Naturfan und willst wissen, was da gerade im Garten über dein Bein gekrabbelt ist? Und vielleicht willst du später ein richtiger Forscher werden?

Als Kind wollte ich das auf jeden Fall. Zusammen mit meinem Schulfreund beobachtete ich gerne all die Käfer, die um uns herum krabbelten. Unter der Lupe sah jeder anders aus. Einmal in diese Welt eingetaucht, fand ich selbst im scheinbar langweiligen Garten meiner Eltern immer wieder Neues und Spannendes. Und das ist bis heute so geblieben! Alle Tiere in diesem Buch habe ich in unserem Garten gesehen und bestaunt!

Leider nimmt diese Vielfalt immer weiter ab, weil viele Menschen verlernt haben, die winzig kleinen Tiere zu beachten und zu schätzen. Dabei sind sie für uns alle so wichtig. Ohne Bienen gäbe es keinen Honig und ohne bestäubende Insekten keinen Apfel. Na gut, ohne Stechmücken könntest du vielleicht leben. Aber hey! Jedes Lebewesen hat seinen Wert.

Also los! Schnapp dir eine Becherlupe und schau mal, was dir so alles über den Weg läuft und durch die Gegend fliegt! Da ich auf der Halbinsel Nordstrand wohne und du vielleicht woanders, gibt es bestimmt bei dir zu Hause noch andere kleine Krabbeltiere. Und natürlich haben meine Kinder und ich längst nicht alle Winzlinge hier entdeckt. Aber möglicherweise findest du das eine oder andere in diesem Buch wieder? Das gilt natürlich auch für alle Erwachsenen, die sich ihre Neugier bewahrt haben. Euch allen wünsche ich viel Spaß mit diesem Buch über echte Gartenzwerge!

Übrigens haben auch die Tiere selbst viel über sich zu erzählen. Für schwache Nerven ist das nicht immer geeignet! Und manchmal sind sie auch ganz schön frech, ehrlich! So, jetzt gebe ich die Bühne frei.

Armin Rose

INHALT

Aufbau

Die Doppelseiten zeigen immer ein Thema oder eine Tiergruppe. Auch wenn die Überschriften manchmal auf der rechten Seite stehen.

Einleitung

In den Sprechblasen sagen wir Krabbler unsere Meinung!
Viele von uns Tierchen im Buch haben keinen deutschen Namen. Einen echten Forschungsfreak wie dich schreckt das hoffentlich nicht. Komm schon, bei den Dinosauriern stört dich das doch auch nicht, oder? Ein schlauer Schwede, Carl von Linné, hatte im 18. Jahrhundert die Idee, den Arten zwei Namen zu geben: sozusagen einen Vornamen (die Gattung) und einen Nachnamen (die Art). Heute haben alle Arten einen solchen lateinischen Doppelnamen. Der gilt in allen Ländern, sodass alle Forschenden genau wissen, was sie meinen, wenn sie von uns sprechen. Ein englischer Forscher könnte mit einem deutschen Namen wie "Kreuzspinne" wenig anfangen.

Jetzt hast du ein Buch in der Hand, in dem es kribbelt und krabbelt. Ich habe nur die Tiere ins Buch aufgenommen, die ein Skelett um sich herum haben. Man nennt das ein Außenskelett. Das ist nicht so wie bei uns Menschen und allen anderen Wirbeltieren, die ihre Knochen in sich tragen, also ein Innenskelett haben.

Außerdem sollten die Tiere im Buch ein paar mehr Beine haben als wir, damit es richtig krabbelig wird. Mehr als vier sollten es schon sein! Insekten haben genau sechs Beine. Toll! Die dürfen also mitmachen.

Es gibt aber auch Tiere mit noch mehr Beinen. Spinnentiere haben genau acht Beine, wenn ihnen niemand ein Bein ausgerissen hat. Und das wäre echt gemein! Zähl einfach die Beine und schon weißt du, ob du eine Spinne oder ein Insekt vor dir hast. Krebstiere haben oft zehn oder mehr Beine. Auf dem Land findet man sie eher selten, aber unsere Kellerassel gehört zum Beispiel dazu. Hundertfüßer und Tausendfüßer haben noch viel mehr Beine. Sie sind also auch perfekt für unser Buch. Alle diese Tiere zusammen nennt man Gliederfüßer.

Und um die geht es hier!

Die Lebensräume

UNSER GARTEN AUF NORDSTRAND

Ja, so sieht es bei uns im Garten aus!

Nicht besonders aufregend, wirst du jetzt sagen.

Einige Krabbeltiere sehen das anders! Und viele dieser Krabbler gibt es auch bei dir um die Ecke. Vielleicht habt ihr keinen eigenen Garten, aber eine schöne Grünfläche in der Nähe? Prima! Dann kannst du auch dort auf die Suche gehen.

Ich habe versucht, alles zu fotografieren, was in unserem Garten zu sehen war, und zwar auch die unfairerweise vernachlässigten Winzlinge, die du sonst in kaum einem Insektenführer findest. Diese rund 600 Arten sind hier im Buch und haben viel über sich zu erzählen. Und es gibt sicher noch viel mehr zu entdecken, wenn meine Kinder und ich weiter suchen.

Aber Vorsicht! Es gibt sehr viele Krabblerarten, die sich zum Verwechseln ähnlich sehen. Wenn du im Garten eine Art findest, die einer Art hier im Buch ähnlich sieht, kann es sich trotzdem um eine andere Art handeln. Und auch ich mache Fehler! Ehrlich!

Übrigens: Oft bevorzugen Arten nicht nur einen einzigen Lebensraum im Garten. Eine Fliege zum Beispiel kann sich an vielen Stellen sonnen.

Gras
Seite I, J

Haus & Mauer
Seite M, N

Hecken, Stauden & Sträucher
Seite G, H

Ich bin an ganz vielen Stellen im Buch zu finden. Leider aus Versehen, weil ich vergessen habe, zu welcher Tiergruppe ich gehöre. Hilfst du mir, meine Gruppe zu finden?

Boden, Holz & Steine
Seite K, L
Kompost
Seite E, F
Blüten
Seite C, D
Hier im Garten finden wir es cool!
Tümpel & Ufer
Seite O, P

Ausgewählte Gruppen, die in bestimmten Lebensräumen im Garten besonders häufig vorkommen, zeige ich dir auf den Seiten C bis P. Im großen Bildteil ab Seite 4 kannst du dann nicht nur diese, sondern noch viele weitere ähnliche Arten finden. Beim Bestimmen der größeren Tiergruppen helfe ich dir auf den Seiten 2 bis 3.

Inachis io
Tagpfauenauge

Lebensraum Blüten

Auf Blüten kann man im Garten besonders viele Tiere beobachten. Schmetterlinge, Schwebfliegen, Bienen und Käfer sind häufig zu sehen. Die meisten von ihnen ernähren sich von Pollen und Nektar oder jagen kleinere Tiere.

Blumenfliegen S. 150–151

Schwebfliegen S. 124–131

Aglais urticae
Kleiner Fuchs S. 73

Weichkäfer S. 48–49

Bockkäfer S. 50–51

Inachis io
Tagpfauenauge S. 72
Mist, ich krieg' den Rüssel nicht rein! Gleich werd' ich fuchsig!
Ist ja alles so schön bunt hier!
Glanzkäfer S. 54–55
Wer sind wir und wenn ja, wie viele?
Ich glaube, die haben das Buch falsch herum gedruckt!
Vanessa atalanta
Admiral S. 72
Rüsselkäfer S. 68–71
Schmetterlinge S. 72–85
Bienen S. 180–188
Hummeln S. 182–183

Dungmücken S. 101

Ich liebe Vergorenes. Vergiss doch mal den Biomüll im Haus. Dann siehst du auch drinnen, wie schnell wir uns vermehren können.
Fruchtfliegen S. 140–143

Trauermücken S. 94–95

Und ich liebe es, auf dem Klo zu sitzen! Neben dir. Ich mag's einfach gerne stinkig!
Schmetterlingsmücken S. 98–99

Ich bin hier auf der Jagd. Muss schnell weiter. Tschüss!
Buckeltanzfliegen S. 112–115

Winz-Mikroben sind mein Gemüse.
Kleine Dungfliegen S. 144

kleine parasitische Wespen S. 170–173

Lebensraum Kompost

Habt ihr auch so einen schönen gammeligen Komposthaufen im Garten? Prima! Denn viele Krabbeltiere lieben ihn aus verschiedenen Gründen. Arten aus diesen Tiergruppen hier kannst du oft am Kompost finden. Aber auch andere tummeln sich dort.

Milben S. 192–195

Staubläuse S. 14–17

Wir drei fressen hier Algen und so. Aber manche Milben räubern auch.

Springschwänze S. 6–7

Schimmelkäfer S. 52

Und wir sind alle für jeden Gammelkram zu haben. Gibt's hier reichlich!

Glanzkäfer S. 54–55

Du weißt, was ich mag, oder? Ein Pils ... ähh ... Pilz!

Pilzkäfer S. 52

Tausendfüßer S. 221

Moderkäfer S. 57

Ich selbst bin eher der Pflanzentyp. Aber in meiner Familie gibt es auch viele Räuber!

Kurzflügelkäfer S. 42–45

Baumschwammkäfer S. 56

Lebensraum Hecken, Stauden, Sträucher

Eine Hecke ist viel schöner als ein Gartenzaun! Das wird dir jeder Krabbler bestätigen. Und wenn man den Rasen nicht bis zum Rand mäht, wachsen dort die schönsten Stauden. Manche sagen Unkraut. Ich nicht! Oft sind es wertvolle einheimische Pflanzen, auf denen viel mehr Tiere leben, als ich hier zeigen kann.

Rüsselkäfer S. 68–71

Blattkäfer S. 64–67

Pflanzenwespen und viele andere Wespen S. 160–179

Oft sind wir auf bestimmte Pflanzen spezialisiert.

Sumpfkäfer und andere Käfer S. 53

Wanzen S. 18–25

Zikaden S. 26–29

Hier finde ich meine Beute, die Blattläuse!

Marienkäfer S. 36, 58–59

Ich muss weg! Hilfe!

Pflanzenläuse S. 30–33

Dein Retter naht!

Ameisen S. 174–175

Meine Kinder graben Gänge in Blätter.
Minierfliegen S. 136–137

Ich bin in der Hecke auf Brautschau!
Tanzfliegen S. 111

Buckeltanzfliegen S. 112–115

Zuckmücken S. 104–107

Schnaken, Faltenmücken, Stelzmücken S. 88–91

Nun, meine Kinder machen den Pflanzen lustige Auswüchse, die man Gallen nennt.
Gallmücken S. 96–97

Langbeinfliegen und viele andere Fliegen S. 116–121

Ich tanze auf Blättern.
Schwingfliegen S. 135

Ein solches Muster ist in der Regel als Tarnung gedacht.
Schmetterlinge S. 72–85

Mit meiner Färbung kannst du mich Tiger nennen! Roaaaar!
Halmfliegen S. 146–147

Ich fresse euch alle auf! Sorry, das ist mein Job in der Natur.
Streckerspinnen und viele andere Webspinnen S. 200–217

Von der Form her bin ich super an das Gras angepasst. Cool!
einige Wanzen S. 18–25

Wie gut, dass im Sommer so viel Klee zwischen dem Gras wächst!
Klee-Spitzmausrüssler S. 71

Wenn wir schwärmen, ist das Gras manchmal voll von unseren geflügelten Männchen.
Ameisen S. 174–175

manche Schmetterlinge S. 72–85

manche Blattkäfer S. 64–67

Meine Kinder fressen Graswurzeln.

Lebensraum Gras

Die meisten Gärten haben einen Rasen. Wir haben auch einen. Aber wir mähen ihn nicht regelmäßig auf Golfrasenlänge. Denn meinen Kindern ist es wichtig, dass wir das Gras hier und da länger wachsen lassen. Und siehe da: Plötzlich haben wir viel mehr Grashüpfer im Garten!

Nun, ich bin wohl das bekannteste Grastier. Aber ich bin gar nicht eitel mit meinen schönen langen Hüpfbeinen! Im Frühling hüpfen meine kleinen Kinder, die mir schon sehr ähnlich sehen, hier im Gras herum.

Heuschrecken / Grashüpfer S. 10–11

Einige von uns haben als Kinder im Gras gelebt.

Zuckmücken S. 104–107

Halmfliegen S. 146–147

Ich schnakel gerne über den Rasen, wo ich meine Eier ablege, weil meine Maden der Graswurzelbewegung angehören.

Schnaken S. 88–89

Her mit deinem Blut!

Zecken / Milben S. 192–195

Hab keine Angst! Ich tu dir nichts. Ich bin ein alter Opa Langbein.

Weberknechte S. 196–198

Lebensraum Boden, Holz, Steine

Dreh einfach mal Holzstücke und Steine um und schau, was darunter plötzlich wuselt oder sich tot stellt. Es sind Krabbler, die es dunkel und feucht mögen. Manche ernähren sich dort von Pilzen und Modder. Viele verstecken sich auch tagsüber dort, damit die Vögel sie nicht fressen. Spät abends kommen sie heraus und verrichten ihre nächtliche Arbeit. Andere Krabbler nutzen den tagsüber erwärmten Boden als Jagdrevier oder als Weg zu Nahrungsquellen.

Als rasend schnelle Jäger holt uns so schnell keiner ein. Umso leichter fangen wir unsere Beute! Tagsüber verstecken wir großen Laufkäfer uns vor den Vögeln unter Steinen. Die kleineren Laufkäfer sind für die Vögel weniger interessant und können deshalb auch tagsüber herumlaufen.

Laufkäfer S. 38–39

Ich flippe aus, wenn du mich nur leicht berührst!

Springschwänze S. 6–7

Von uns gibt es unglaublich viele Arten, die sich sehr ähnlich sehen.
Uns Aaskäfer, aber auch andere Käfer, kannst du manchmal unter Holz und Steinen finden. Und viele Käferlarven!

viele andere Käfer S. 36–71

Kurzflügelkäfer S. 42–45

Wir sind pfeilschnelle Räuber. Manchmal siehst du uns mit einem Eiballen auf dem Rücken. Aber jetzt muss ich weiter!

Wolfsspinnen S. 210

Ich bin ein wilder Räuber mit Giftklauen!

Hundertfüßer S. 220

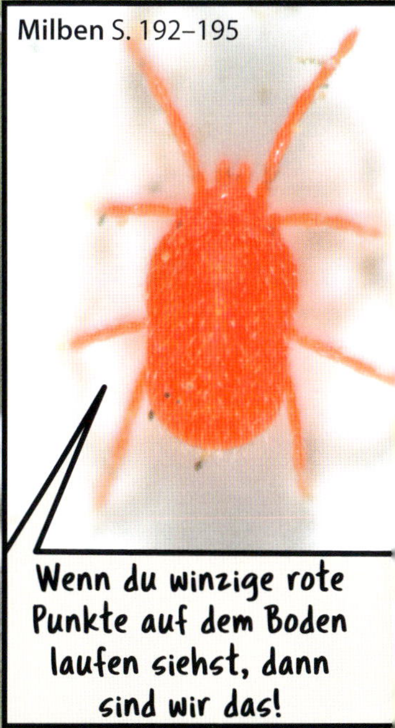
Wenn du winzige rote Punkte auf dem Boden laufen siehst, dann sind wir das!

Milben S. 192–195

Ich steh' mehr auf Gammelkram!

Tausendfüßer S. 221

Du findest uns massenhaft unter Holz und Steinen. Meine Kumpels und ich, wir finden es dort toll!

Asseln S. 218–219

Auf dem Boden und anderswo haben wir Straßen gebaut, die wir riechen können. Sie führen vom Bau zu unserer Nahrung.

Ameisen S. 174–175

Lebens-

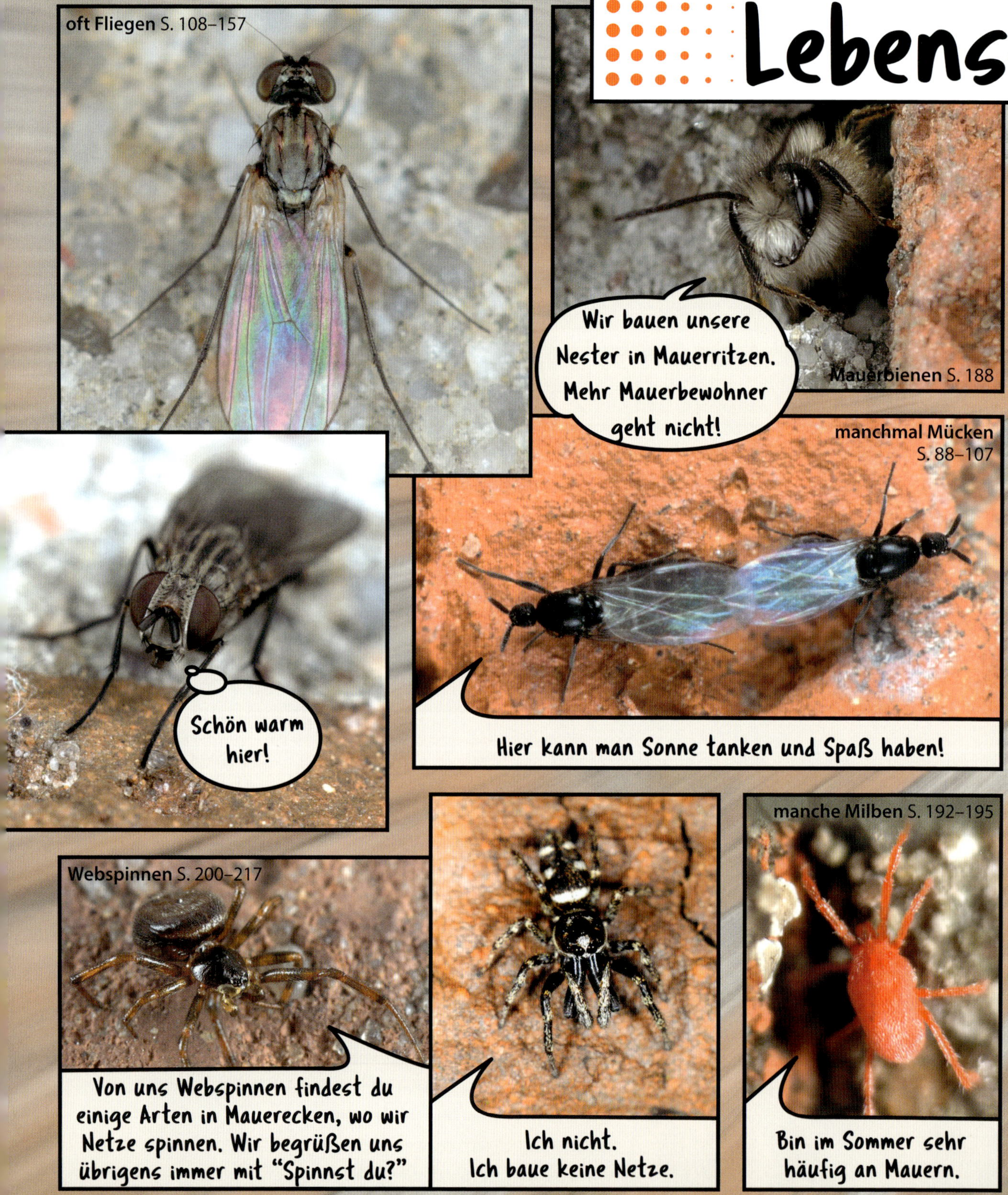
oft Fliegen S. 108–157
Wir bauen unsere Nester in Mauerritzen. Mehr Mauerbewohner geht nicht!
Mauerbienen S. 188
manchmal Mücken S. 88–107
Schön warm hier!
Hier kann man Sonne tanken und Spaß haben!
Webspinnen S. 200–217
manche Milben S. 192–195
Von uns Webspinnen findest du einige Arten in Mauerecken, wo wir Netze spinnen. Wir begrüßen uns übrigens immer mit "Spinnst du?"
Ich nicht. Ich baue keine Netze.
Bin im Sommer sehr häufig an Mauern.

raum Haus & Mauer

Oft steht mitten im Garten ein Haus. Zumindest bei uns ist das so. Und auch wenn du in einer Wohnung ohne Garten lebst, gibt es an der Hauswand spannende Tiere zu entdecken. Viele Krabbeltiere lieben es einfach, sich dort zu sonnen. Andere machen Jagd auf die Sonnenanbeter. Und manche nisten sogar direkt in der Mauer! Auch im Haus gibt es Krabbler. Aber auf die gehe ich nur am Rande ein.

Einige von uns sieht man an der Wand grasen.
manche Springschwänze S. 6–7

Hey, warum heiße ich Staublaus? Ich bin weder Kopflaus noch Blattlaus und auch nicht staubig! Aber bei euch Menschen ist alles Kleine immer eine Laus! Das ist echt gemein! Ja, das ist es!
einige Staubläuse S. 14–17

Ja ja. Auf der Mauer, auf der Lauer ... Schon klar! Meistens sitzen wir Wanzen aber auf Pflanzen! Reimt sich auch viel besser!
hier und da mal Wanzen S. 18–25

Manchmal jagen wir hier oder sonnen uns einfach. Aufgewärmt fliegt es sich eben entspannter!
manchmal Kurzflügelkäfer S. 42–45

Ich suche hier unter anderem nach Lehmwespen-Nestern für meine Kinder.
manche Schlupfwespen S. 166–169

Lebensraum Tümpel &

In unserem Garten gibt es einen Tümpel, der nicht sehr sauber ist. Aber auch dort leben erstaunlich viele Krabbeltiere. Ich habe Wasserkäfer, Langbeinfliegen, Libellen und vieles mehr gesehen.

Ich bin sozusagen der Pinguin unter den Käfern, denn ich kann viel schneller schwimmen als laufen!
Schwimmkäfer, Wasserkäfer S. 40–41

Ich lebe wirklich im Wasser. Anders als die Kellerassel.
Wasserassel S. 218

Manche von uns lieben es, Algen zu schlabbern. Ich zum Beispiel! Andere jagen gerne kleine Tiere am Ufer!
einige Kurzflügelkäfer S. 42–45

Einige von uns lieben es, am Ufer herumzutoben. Dort gibt es oft fette Beute für uns.
manche Laufkäfer S. 38–39

Unsere Kinder leben im Wasser und sind richtig gefräßig!
Libellen S. 8–9

Ufer

Ihr habt schön schmutziges Wasser? Toll! Da wohnen unsere Kinder drin. Und ich komme euch nachts besuchen!

viele Mücken S. 88–107,
z. B. Stechmücken S. 102–103

Faltenmücken S. 90

Bin ganz winzig.

Gnitzen S. 100

Ich steche nicht!

Zuckmücken S. 104–107

Sumpffliegen S. 144–145

Unsere Kinder wachsen im Wasser auf.

Schwebfliegen S. 124–131

Langbeinfliegen S. 116–121

Ich tanze auf Halmen am Wasser.

Krabbeltiere beobachten

Manche Krabbler sind sehr klein. Um sie richtig erkennen zu können, brauchst du etwas zum Vergrößern. Mit einer Becherlupe kannst du schon viel erkennen. Aber noch mehr siehst du mit einer Stereolupe, einer Art Mikroskop, unter das du auch das geöffnete Becherglas stellen kannst. Die hier abgebildete Stereolupe hat eine 20-fache Vergrößerung und kostet weniger als 70 Euro.

Wow! Bin ich groß!

Laufkäfer

Lass die Tiere auf ein Blatt laufen und lege sie in das offene Glas der Becherlupe. Dann kommt der Deckel der Lupe drauf. Manchmal gibt es auch zwei Lupen, die man übereinander klappen kann. Nach dem Beobachten lässt du die Tiere natürlich wieder frei. Ehrensache!

Hey!
Warum kann ich hier durchgucken, aber nicht durchlaufen??? Ein Fall für "Die drei ???".
Ölkäfer

Du kannst große Insekten übrigens auch ganz direkt beobachten.

Krabbeltiere erkennen

Es gibt ganz unterschiedliche Krabbeltiere, ist dir das schon aufgefallen? Hier zeige ich dir, wie du die wichtigsten Gruppen im Garten unterscheiden kannst!

Ich zeige dir hier nur ein paar der Gruppen, die meine Kinder und ich bei uns beobachtet haben. Mit dem Schlüssel kannst du schnell viele Tiere zuordnen, aber es gibt auch Ausnahmen. Und es gibt noch viele weitere Krabblergruppen.

1. ZÄHLE DIE BEINE

Mehr als 16 Beine

Ich hasse Schnürsenkel!

an jedem Segment
1 Beinpaar
HUNDERTFÜẞER S. 220

an jedem Segment
2 Beinpaare
TAUSENDFÜẞER S. 221

14 Beine

ASSELN S. 218

8 Beine

SPINNENTIERE S. 190

6 Beine **INSEKTEN** S. 4

Wenn du 6 Beine siehst, geht es hier unten weiter

2. Kannst du Flügel erkennen, oder nicht?

6 Beine ohne Flügel

seitlich platt, springend

FLÖHE S. 221

Wir Insekten sind die erfolgreichste Tiergruppe auf der Erde!

SPRINGSCHWÄNZE S. 6

UNGEFLÜGELTE INSEKTEN

nicht platt

springen bei leichter Berührung auf und davon

springen nicht

manche BLATTLÄUSE
S. 32

AMEISEN
Arbeiterinnen S. 174

manche STAUBLÄUSE
S. 14

INSEKTENKINDER (Larven, Raupen, Maden, Nymphen)

GEFLÜGELTE INSEKTEN

6 Beine mit Flügeln

LANGE DECKFLÜGEL, FLACH BIS GEWÖLBT

Deckflügel meistens bis hinten zusammen

Hey, was soll der Pfeil an meinem Po?

die meisten **KÄFER** S. 36

Deckflügel lassen hinten ein spitzes Feld frei

viele **WANZEN** S. 18

KURZE DECKFLÜGEL

Zangen

OHRWÜRMER S. 12

hinten keine Zangen

einige **KÄFER** S. 36

DACHFÖRMIGE FLÜGEL

NETZFLÜGLER und **KÖCHERFLIEGEN** S. 34

ZIKADEN S. 26

PFLANZENLÄUSE S. 30

HEUSCHRECKEN S. 10

LANGE FLACHE FLÜGEL, GLASIG ODER SCHUPPIG

Flügel wie Federn, winzig

FRANSENFLÜGLER S. 13

4 Flügel mit Schuppenmuster

SCHMETTERLINGE S. 72

4 Flügel, glasig

Flügel mit weniger Maschen

HAUTFLÜGLER S. 158

Flügel mit vielen Netzmaschen

LIBELLEN S. 8

2 Flügel

Fühler meist kurz und kompliziert

FLIEGEN S. 116

einförmige oder buschige Fühler

MÜCKEN S. 86

Netzflügler *Chrysoperla carnea*
Florfliege, Goldauge
Pollen und Nektar fressend

Wenn man alles zählt, was an uns Insekten lang ist, kommt man vielleicht auf acht "Beine". Aber wir haben immer nur sechs Beine. Denn das, was vorne aus unserem Kopf herausragt, sind keine Beine, sondern Fühler. Damit können wir sehr gut riechen und tasten. Oft erschnuppert bei uns Insekten das Männchen mit den Fühlern das Weibchen, damit sich zwei Verliebte finden können.

Insekten zu bestimmen ist nicht einfach. Manchmal muss man auf ein bestimmtes Merkmal achten, um nahe verwandte Arten zu unterscheiden. Solche Merkmale und andere interessante Dinge habe ich mit einem Pfeil gekennzeichnet.

Insekten

In Deutschland gibt es über 30 000 Insektenarten. Weltweit sind es sicher mehr als eine Million Arten! Im eigenen Garten lebt nur ein kleiner Teil davon. Meistens sind es die häufigeren Arten. Und so findest du in diesem Buch auch eher die Insekten, die mit den Menschen gut zurechtkommen.

Die interessantesten Arten leben in bedrohten Lebensräumen. Einige dieser Insekten sind vom Aussterben bedroht, wenn diese Lebensräume verändert oder zerstört werden. Wäre es nicht schön, wenn du später einmal deinen Kindern diese Arten noch zeigen könntest?

Willst du dich für ihren Schutz einsetzen?

Ich suche meine Seite. Bin ich hier schon dran?

Springschwänze

Springschwänze gehören zu den Ur-Insekten, die nie Flügel hatten. Alle anderen Insekten haben Flügel. Oder sie hatten zumindest einmal welche, haben sie aber im Laufe der Jahrmillionen verloren, weil sie sich an Lebensräume angepasst haben, in denen sie keine brauchen (z. B. Flöhe).

Megahüpfer!
Wenn ich springe, dann mit Vollgas, das schwöre ich!
Diese Art hat vorne keine Ringel.
schillernde Schuppen und lange Fühler
Diese Art hat nur Haare, keine Schuppen.

Springschwänze heißen so, weil viele Arten unter dem Bauch eine Sprunggabel haben, mit der sie bei Gefahr abspringen können. Auf Seite 121 siehst du eine ausgeklappte Sprunggabel. Leider hat sie dem armen Tier dort nicht geholfen.

Tomocerus minor

Entomobrya nivalis

Deuterosminthurus pallipes
Wir Springschwänze fressen gerne kleine gammelige Dinge wie Pflanzenreste oder kleine Pilze. Einige von uns lieben auch Algen und Pollen. Es gibt wirklich viele von uns im Garten!

Willowsia nigromaculata
Diese Art hat schillernde Schuppen.

Anurophorus laricis

Ich bin der Größte hier und hab' die schönsten Ringel!
Orchesella cincta

Entomobrya multifasciata
Diese Art hat vorne drei Ringel.

Lepidocyrtus lignorum

Isotoma anglicana

Ich bin kein Floh, ich bin ein Kugelspringer!
Sminthurus viridis
Luzernefloh

REKORD! Größte Insekten, die jemals lebten!
Wir Libellen sind richtig coole Jäger und fangen andere Insekten im Flug. Habt ihr einen Gartenteich? Super! Dann kannst du dir sicher sein, dass du einige Libellenarten entdecken wirst, denn da fühlen sich viele von uns wohl.
Ich jage im Herbst durch euren Garten.
Bei der Paarung bilden mein Mann und ich ein Rad. Er ist total anhänglich. Sogar bei der Eiablage. Ich glaube, er hat Angst, dass mich ein anderer kriegt.

Aeshna mixta
Herbst-Mosaikjungfer
Weibchen

Coenagrion pulchellum
Fledermaus-Azurjungfer
Weibchen

Libellen

Die wunderschönen Libellen sind wirklich beeindruckende Insekten, die im Sommer laut summend durch den Garten schwirren. Ihre Flügelspannweite kann mehr als 10 cm betragen, aber das ist nichts im Vergleich zu der Zeit vor 300 Millionen Jahren. Damals hatten die sogenannten Riesenlibellen eine Flügelspannweite von 70 cm! Und damals gab es noch nicht einmal Dinosaurier.

Libellenlarven leben im Wasser. Dort fressen sie andere Insekten, Kaulquappen und sogar kleine Fische!

Sympetrum striolatum
Große Heidelibelle
Weibchen

Sympetrum sanguineum
Blutrote Heidelibelle
Männchen

Ich bin das größte Insekt im Buch!

Aeshna cyanea
Blaugrüne Mosaikjungfer
Männchen

Heuschrecken

Wenn du durch den Garten gehst und etwas hüpft, war es wahrscheinlich eine Zikade oder eine Heuschrecke.

Heuschrecken fressen gerne Gras und andere Pflanzenteile. Manche mögen sogar Insekten!

Aber es gibt immer weniger Heuschrecken, weil die Tiere besonders empfindlich auf die in der Landwirtschaft eingesetzten Gifte reagieren, die leider nicht nur auf den Feldern verbleiben.

Tarnung: Sieht aus wie ein Blatt!
Mit diesem langen Legebohrer (Ovipositor) legt das Weibchen seine Eier direkt in die Erde. Mindestens zwei Winter lang bleiben die Eier im Boden.

Kurzfühlerschrecken haben kurze Fühler.
Ich kann besonders laut singen! Passt mal auf! "Highway to Hell"*

Chorthippus albomarginatus
Weißrandiger Grashüpfer

Chorthippus dorsatus
Wiesengrashüpfer

***auf deutsch: „Weg mit der Autobahn!"**

Tettigonia viridissima
Großes Grünes Heupferd
Weibchen
Schon mal vom Insektensterben gehört? Das haben leider die Menschen verursacht. Falls deine Eltern Landwirte sind: Vielleicht kannst du sie fragen, ob sie etwas weniger Gift spritzen und uns Tieren etwas Platz lassen können? Dann haben wir Heuschrecken und andere Insekten eine bessere Chance.**
Erwachsene Heuschrecken haben lange Flügel.
Ich bin der Papa von dem ganz rechts.
Mit diesen komischen Dingern (Cerci) hält sich das Männchen bei der Paarung am Weibchen fest.
Meconema thalassinum
Gemeine Eichenschrecke
Männchen
Meconema thalassinum
Gemeine Eichenschrecke
Nymphe
Langfühlerschrecken haben lange Fühler.
Heuschreckenkinder haben noch keine oder nur kurze Flügel.
"Eichen sollst du weichen!" gilt für mich nicht! Ich liebe Eichen! Und mein Papa da links kann Geräusche machen, indem er mit den Hinterbeinen auf die Äste und Blätter trommelt.

**Eine sehr wahrscheinliche Ursache für das große Insektensterben sind Gifte aus der Landwirtschaft. Um das zu erforschen, bräuchten Wissenschaftlerinnen die sogenannten Spritzbücher der Landwirte. Leider verzögern die EU und das Bundesministerium für Ernährung und Landwirtschaft auf Druck der Agrarlobby deren Freigabe. Warum, mag sich jeder selber denken.

Ohrwürmer

Man nennt sie auch Ohrenkneifer. Das ist aber Unsinn, denn diese Tiere kneifen weder in menschliche noch in andere Ohren. Sie leben gerne versteckt in Spalten und unter Steinen.

Ohrwürmer brauchen ihre Zangen zur Verteidigung und zum Beutefang. Sie helfen aber auch beim Entfalten der Flügel und dem Männchen bei der Paarung.

Ich bin nützlich und fresse gerne Blattläuse. Aber ich vertrage alles, sogar Pflanzen!
Beim Männchen sind die Zangen noch runder gebogen als hier beim Weibchen.

Forficula auricularia
Gemeiner Ohrwurm (ist aber gar nicht gemein)
Weibchen

Forficula auricularia
Gemeiner Ohrwurm, Nymphe

Fransenflügler

Man nennt sie auch Gnuts, Thripse oder Gewittertierchen. Vielleicht sind sie dir schon einmal aufgefallen. Fransenflügler sind nämlich winzig klein und fliegen in Scharen, wenn es schwül ist. Und das passiert oft vor Sommergewittern.

Wir sind so winzig, dass uns zwei gefiederte Stängel als Flügel genügen. Am liebsten schlürfen wir Blattsäfte. Einige von uns fressen aber auch Milben, Eier und winzige Pilze.
Ups, ins Auge!
Ein Phlaeothripidae

Ein schräger Doppelname zeigt dir die *Gattung* und die *Art*.

Limothrips cerealium
Flügel wie Federn

Die Endung „idae" zeigt einen Familiennamen. In einer Familie gibt es Unterfamilien (Endung „inae") und darin Gattungen und Arten. In der Forschung schreibt man die *Gattung* und *Art* schräg (man sagt *kursiv*).

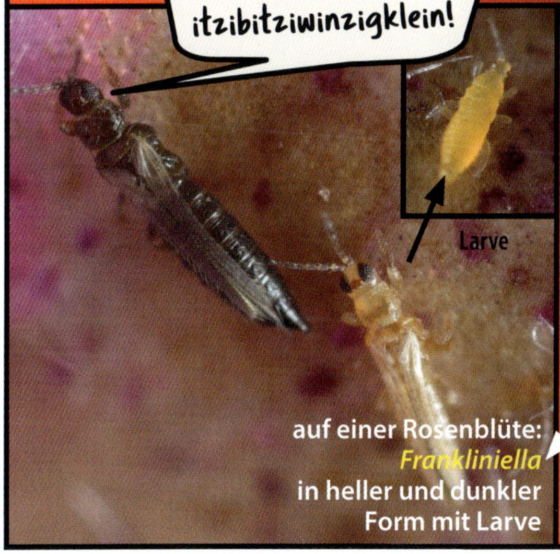
Wir sind itzibitziwinzigklein!
Larve

Steht ein *schräger Name* alleine, ist es nur die *Gattung*, weil ich die genaue Art am Foto nicht erkennen konnte. Denn Gattungen haben oft viele Arten.

auf einer Rosenblüte: *Frankliniella* in heller und dunkler Form mit Larve

Nicht nur Spinnen spinnen! Auch bei uns haben einige Arten Spinndrüsen. Aber vorne an der Lippe und nicht wie Spinnen hinten am Hinterteil.
Auf unseren Vorderflügeln haben wir verschiedene Muster. Die Adern verlaufen mal so und mal so. Daran kannst du viele von uns unterscheiden. Manche von uns haben aber auch als Erwachsene nur ganz kurze oder gar keine Flügel. Bei unseren Kindern, den Nymphen, ist das eh so.

Elipsocus pumilis

Gattung *Lachesilla* ausgewachsen

Während Pflanzenläuse mit so einer Art Strohhalm saugen, haben Staubläuse beißende Mundwerkzeuge (hier allerdings verdeckt).

Mesopsocus immunis

Staubläuse

Diese Tiere sind sehr klein und werden oft übersehen. Im Haus lebt die Bücherlaus, die sogar rückwärts und seitwärts laufen kann! Hier im Buch siehst du aber nur Arten, die ich draußen gefunden habe. Außer eine Bücherlaus hat sich in dein Buch verirrt.

Bei den Staubläusen findet man bei manchen Arten nur selten Männchen. Aber die Weibchen sind in der Lage, sich ganz allein fortzupflanzen. Das nennt man Jungfernzeugung oder **Parthenogenese**. Ich glaube, das ist das schwierigste Wort in diesem Buch!

In Mitteleuropa gibt es über 100 Staublausarten. Weltweit soll es über 6000 Arten geben.

Mit unseren dachförmigen Flügeln sehen wir ein bisschen aus wie Pflanzenläuse (S. 30). Aber das sind wir nicht und wir tun den Gartenpflanzen auch nichts. Also bitte nicht verwechseln!

jung und alt!

Große und kleine Staubläuse sehen sich mal mehr, mal weniger ähnlich.

Mesopsocus immunis
Nymphe

Mesopsocus immunis
ausgewachsen

Staubläuse

jung und alt!

Ectopsocus briggsi
Nymphe

Ectopsocus briggsi
ausgewachsen

Wer bin ich? Das wirst du nie erfahren! Hihi!

schwierig zu bestimmende Art
Nymphe

schwierig zu bestimmende Art
ausgewachsen

jung und alt!

Cerobasis guestfalica
Nymphe

Cerobasis guestfalica
ausgewachsen

Wir saßen alle an oder in der Nähe eines kleinen Komposters. Dort essen wir am liebsten Grünalgen, Flechten, Pilze, Sporen und dergleichen. Davon finden wir dort genug. Du kannst uns da gerne besuchen! Meine Art lebt auch oft auf Blättern.

Graphopsocus cruciatus
Nymphe

Graphopsocus cruciatus
ausgewachsen

Die Gepunktete Nesselwanze vom großen Bild sieht mitunter auch mal so aus. Wie viele andere Wanzen ist sie in ihrer Farbe nicht so stark festgelegt.

Eine kleine Rechenaufgabe: In Mitteleuropa gibt es viermal so viele Weichwanzenarten wie Staublausarten (S. 15). Wie viele sind wir hier also?
Ich gehöre zur Familie der Weichwanzen. Wir sind die Wanzenfamilie mit den meisten Arten. Du findest uns Weichwanzen bis Seite 21, danach kommen die anderen Familien. Ich persönlich mag übrigens Brennnesseln!

Closterotomus norwegicus
Zweipunktige Wiesenwanze
Nymphe

Bin noch ganz stummelig!

Die Wanzenkinder (Larven oder Nymphen) haben noch ganz kurze Stummelflügelchen.

Wanzen (Weichwanzen)

Die Wanzen bilden eine große Gruppe innerhalb der Schnabelkerfe. Zu denen gehören auch die Zikaden und die Pflanzenläuse. Bei allen ist der Mund zu einer Art Strohhalm geformt. Nur die ungeliebte Bettwanze trinkt damit Menschenblut und hat so alle anderen in Verruf gebracht. Echt gemein!

In Mitteleuropa gibt es etwa 1100 Wanzenarten. Weltweit sind sogar über 45 000 Arten bekannt!

Das sind mehr als alle Säugetiere, Vögel, Reptilien und Amphibien zusammen!

Liocoris tripustulatus
Gepunktete Nesselwanze

Manche Wanzen sind Räuber, andere saugen Pflanzensäfte. Beides funktioniert gut mit dem ziemlich kompliziert gebauten Saugrüssel, den ich eben etwas schnöde einen Strohhalm genannt habe. Du siehst ihn unten und auf Seite 21 bei einer Wanze, die Läuse saugt, aber auch auf Seite 22 bei einer Wald-Blumenwanze, die an Pflanzen saugt.

Ich schlürfe den Saft von verschiedenen krautigen Pflanzen, hin und wieder aber gerne auch mal eine Blattlaus.

Plagiognathus arbustorum

Autsch!

Wahlloses Schiefkehlchen

Wanzen (Weichwanzen)

Form und Streifen sind für mich Tarnung!

Stenodema calcarata
Zweidornige Schmalwanze

Bei den Weichwanzen ist der Körper nicht so hart wie bei den anderen Wanzen. Daher der Name. Die Larven häuten sich fünfmal, bis sie erwachsen sind. Die erwachsenen Tiere heißen übrigens hier wie überall im Tierreich **Adulte**.

Lygocoris pabulinus
Grüne Futterwanze

Ich bin nützlich und mag Blattläuse und Milben.
Bloß weg!

Blepharidopterus angulatus

Closterotomus norwegicus
Zweipunktige Wiesenwanze

Wir haben
die tollsten
Fühler!
Heterotoma planicornis
Dickfühlerweichwanze

Nymphe

Wir sind Räuber
oder saugen an bereits
toten Insekten.
ausgewachsen

Hmmm!
Lecker Blattlaus!
Schlürf!
Wahlloses Schiefkehlchen

Campyloneura virgula
ausgewachsen

Wir vom
Campyloneura-
Team bekommen
unsere Kinder durch
Jungfernzeugung
(siehe Seite 15) und
brauchen fast keine
Männchen. Alle
anderen Wanzen
schon!
Campyloneura virgula
Nymphe

Nymphe

Ich lebe auf Baumrinde und fresse kleine Tiere. Die Ameisen lassen mich in Ruhe. Bei anderen tun sie das weniger. Pech für die!

Temnostethus gracilis ausgewachsen

Das sind die Ocellen.
Bei dieser Art sind das zweite und dritte Fühlerglied am Anfang hell und nur am Ende dunkel.
Ich bin die häufigste Blumenwanze. Hier schlürfe ich ausnahmsweise mal Brennnesselsaft. Aber sonst mag ich vor allem Blattläuse, Blattflöhe und Spinnmilben.

Hey Kleiner!
Selber!

Anthocoris
zwei verschieden alte Nymphen

Anthocoris nemorum
Wald-Blumenwanze

Wanzen (Blumenwanzen)

Mein Zuhause sind die Pappeln am Rand des Gartens. Dort fresse ich ganz bestimmte Blattläuse, die so komische Knollen bilden, die man Gallen nennt.

Die Blumenwanzen sehen den Weichwanzen sehr ähnlich. Aber eine Kleinigkeit ist anders: Sie haben zwei niedliche Punktaugen oben auf dem Kopf. Von ganz Schlauen werden sie „Ocellen“ genannt. Die haben die Weichwanzen nicht und das macht sie ein bisschen neidisch!

Anthocoris minki
Eschen-Lausjäger

Anthocoris nemorum
Wald-Blumenwanze

Ich bin sehr klein und fresse auf den Blüten die Fransenflügler von Seite 13.

Orius laevigatus

Acompocoris pygmaeus

Ich wohne in der Nähe von Kiefern. Und Blattläuse mag ich auch! Ach, das haben die anderen schon gesagt.

Wanzen (Stelzenwanzen, Erdwanzen, Stachelwanzen, Bodenwanzen)

Erdwanzen heißen nicht umsonst so. Viele von ihnen leben im Boden und können gut graben. Dort saugen sie zum Beispiel an Pflanzenwurzeln.

Wir Erdwanzen können fast alle zirpen. Ehrlich!

Legnotus limbosus
Weißrand-Wanze

Wir Stelzenwanzen laufen sehr langsam und stellen uns bei Störungen tot.

Berytinus minor
Kleine Heime

Ich gehöre zu den Stachelwanzen und liebe die Blüten und Blätter der Laubbäume. Bin ich nicht wunderschön?

Elasmostethus interstinctus
Bunte Blattwanze

Ich liebe Birken und kann zirpen. Hey, das reimt sich ja! Äh, fast ...

Kleidocerys resedae
Birkenwanze

Man findet mich oft in der Nähe von Brennnesseln.

Scolopostethus affinis
Nesselwicht

Fast alle Bodenwanzen leben von den Samen der Pflanzen. Nur wenige Arten leben wirklich auf dem Boden.

(Raubwanzen, Ruderwanzen, Randwanzen)

Bin sehr zartgliedrig und laufe gerne an Mauern entlang, manchmal auch am Rand des Sandkastens. Dort jage ich Staubläuse und andere kleine Insekten.

Empicoris culiciformis
Wehrloser Vagabund

Raubwanzen sind geborene Jäger. Sie lauern ihrer Beute auf oder rennen ihr hinterher. Wenn man sie festhält, können sie mit ihrem Rüssel fies zustechen.

Ich jage sogar Bodenwanzen und Spinnen. Ganz schön mutig, was?

Coranus subapterus
Kurzflügelige Raubwanze

Ich bin die einzige Randwanze hier, bin Vegetarier und mag Nelken.

Syromastus rhombeus
Rhombenwanze

Bei den Ruderwanzen sind die Hinterbeine super Paddel. Deshalb sind sie gute Schwimmer. Und sie können sogar länger tauchen, weil sie ihre Luft unter Wasser mitnehmen. Unter dem Halsschild und den Flügeldecken ist dafür ein Hohlraum.

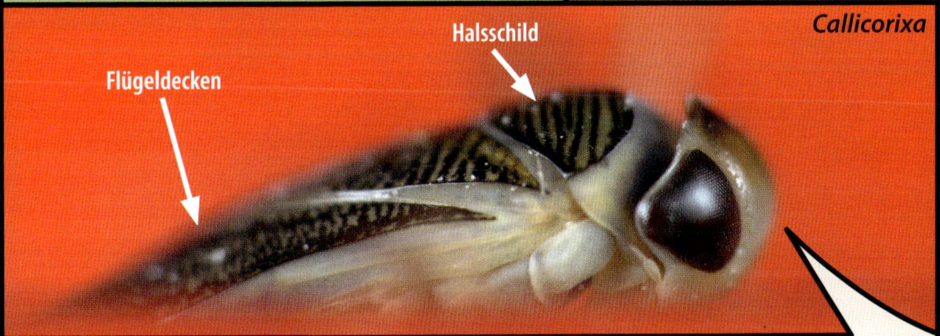
Halsschild
Flügeldecken
Bei uns zirpen die Männchen und können auch sehr gut hören. Jede Art singt anders.

Callicorixa

Zikaden

REKORD! Lauteste Insekten, der Welt!

Die Zikaden sind wie die Wanzen Schnabelkerfe mit einem Saugrüssel. Im Gegensatz zu den Wanzen können Zikaden hüpfen. Das machen sie mit speziell ausgebildeten Hinterbeinen. Diese werden wie ein Katapult gespannt … und ZOING! Die gehen so richtig ab!

Auf der Welt gibt es etwa so viele bekannte Zikadenarten wie Wanzenarten, nämlich 45 000. In Mitteleuropa sind etwa 1000 Zikadenarten bekannt.

Die tropischen Singzikaden fehlen bei uns völlig. Die wären aber auch richtig laut, fast so laut wie ein Düsenflugzeug! Damit sind Singzikaden die lautesten Insekten der Welt! Vielleicht vermisst man sie bei einem ruhigen Gartenausflug gar nicht so sehr.

Im Garten bin ich bei vielen nicht gern gesehen, weil ich den Saft aus den Rosenblättern sauge und kleine Flecken mache. Das ist mir egal! Habt ihr noch nie Flecken gemacht?

Edwardsiana rosae
Gemeine Rosen-Laubzikade

Warum sind so viele Tiere „gemein“? Im Artnamen kommt das Wort von „allgemein“, also gewöhnlich. Meistens ist eine Tierart, deren Name so beginnt, ein ziemlich häufiger Vertreter seiner Gattung.

Die Gemeine Rosen-Laubzikade finden Hobbygärtner zwar richtig gemein, aber ganz ehrlich, wir haben sie jedes Jahr an unseren Rosen und die blühen von Jahr zu Jahr schöner. Da muss man einfach mal Ruhe bewahren und nicht gleich Gift spritzen!

Zikaden haben im Gegensatz zu Wanzen dachartig hochgeklappte Flügeldecken.
Bin ich schon dran? Ich bin so aufgeregt!
Entschuldige! Du bist erst viel später dran. Zähl erst mal deine Beine! Du bist nicht mal ein Insekt, du Winz-Milbe!

Edwardsiana rosae
Gemeine Rosen-Laubzikade
Nymphe

Kuckucksspucke
Philaenus spumarius
Wiesenschaumzikade
ausgewachsen
Blubb!
Dieses schaumige Zeug, das man Kuckucksspucke nennt, hat die Larve produziert. Da drinnen lebt sie gut geschützt.
Die meisten Zikaden sind ziemlich wählerisch, was ihre Nahrung angeht. Ich bin nicht so pingelig und esse viele verschiedene Pflanzen. Kein Wunder, wenn man als Kind in so einer Spucke lebt. Jedenfalls macht mich das so erfolgreich!
Aphrodes makarovi
Wiesen-Erdzikade
Nymphe
Ich fresse lieber Gras, als dass ich es rauche. Ist auch gesünder!
Javesella pellucida
Wiesenspornzikade
Ich mag alles, was piekst! Hier sitze ich auf einer Distel, aber Brennnessel geht auch. Oder Löwenzahn. Da ist wenigstens der Name pieksig!

Zikaden

Hier ist eine Auswahl von Zikaden, die häufig im Garten anzutreffen sind. Zumindest war das bei uns der Fall. Bei ausgewachsenen Zikaden sind die Vorderflügel wie ein Dach nach oben gefaltet.

Was andere kaum anfassen, ist unsere Lieblingsspeise: Brennnesseln!

Eupteryx urticae
Wald-Nesselblattzikade
Nymphe

Ich komme aus Nordamerika und lebe seit 1978 in Deutschland. Rhododendren sind meine Leibspeise!

Graphocephala fennahi
Rhododendronzikade

Eupteryx urticae
Wald-Nesselblattzikade
ausgewachsen

Pflanzenläuse (Blattflöhe)

Die Pflanzenläuse sind neben den Wanzen und Zikaden die dritte Gruppe der Schnabelkerfe. Die Pflanzen sind mit ihnen und ihren Saugrüsseln nicht besonders glücklich.

Ich habe keinen deutschen Namen, weil ich so wenig beachtet werde. Wie schade! Dabei bin ich doch so hübsch!
Mein Nachname "carpinicola" kommt von "Carpinus", und das ist lateinisch für Hainbuche. Ja, zufällig gab es in dem Garten, in dem ich fotografiert wurde, eine Hainbuchenhecke. Da fühle ich mich richtig wohl.

Zu den Pflanzenläusen gehören auch die bei Gärtnerinnen wenig beliebten Blattläuse (S. 32–33). Auf dieser Doppelseite siehst du aber erst einmal Blattflöhe, die Hobbygärtner auch nicht so gerne sehen. Es gibt noch andere Pflanzenläuse, zum Beispiel Schildläuse. Aber die habe ich bei uns im Garten nicht gefunden.

In Mitteleuropa gibt es fast 1000 Arten von Pflanzenläusen. Weltweit sind 16 000 Arten bekannt!

Wie bei den ähnlich aussehenden Staubläusen,
sind die Flügeladern auch bei den Pflanzenläusen
wichtig für die Bestimmung.
Psylla carpinicola
hinten kräftige Sprungbeine
schwierig zu bestimmende Art,
die sich wichtig machen will
Wir Blattflöhe können springen! Das können die Blattläuse nicht. Äääätsch!

Ich liebe Gemüse. Hier vorne kannst du meinen Rüssel gut sehen. So, Blatt, jetzt fange ich an!
Siphon
Hilfe!
Wir im Hintergrund dieser Seite sind schon echt viele! Aber bei den Ameisen siehst du noch mehr von uns. Die lecken nämlich gerne, was hinten aus uns rauskommt: Honigtau! Der ist süß und gar nicht eklig!
Hmmm! Lecker Rosentriebe!
Honigtau
Oje! Ich habe ein ganz schlechtes Gefühl! Denn auf der nächsten Doppelseite ist Schluss mit lustig!
Einige von uns haben hinten zwei Anhänge, die Siphons. Daraus kommt eine Flüssigkeit, die meine Freunde vor Feinden warnt.
Siphon

wohl *Macrosiphum euphorbiae*
Grünstreifige Kartoffellaus

Macrosiphum rosae
Große Rosenblattlaus

Anoecia corni

eine *Uroleucon*

Pflanzenläuse (Blattläuse)

Blattlauskolonie
Aphis

Blattläuse gibt es oft in geflügelter und ungeflügelter Form. Manchmal glaubt man nicht, dass zwei völlig verschiedene Tiere der gleichen Art angehören können. Bei den Blattläusen gibt es, wenn überhaupt, nur im Herbst Männchen, meist aber nur Weibchen (Jungfernzeugung, siehe Seite 15).

Diese Tiergruppe ist schwer zu bestimmen. Das ist nur etwas für echte Experten. Nette Fachleute haben mir hier und an anderer Stelle im Buch geholfen, wo es für mich zu schwierig wurde.

Ich liebe die Pappeln am Haus!

Chaitophorus leucomelas
Schwarzpappel-Blattlaus

Du meine Güte! Wo sind denn hier die Erlen? Die brauche ich nämlich!

Pterocallis alni
eine Erlenblattlaus

Hier wird es spannend! Siehst du die roten Pünktchen? Das sind die Augen der Embryonen, also der Babys. Und in diesen sind schon die nächsten Embryonen. Die erwachsene Blattlaus trägt also ihre Töchter UND Enkelinnen mit sich herum! Deshalb können sich Blattläuse so megaschnell vermehren! Krass, oder?

Wenn du das Buch bisher aufmerksam gelesen hast, ist dir sicher aufgefallen, wie viele Tiere Blattläuse mögen. Jetzt kannst du dir sicher auch vorstellen, wie viele Tiere verhungern müssten, wenn man alle Blattläuse mit Gift töten würde. Ganz zu schweigen davon, dass das Gift auch andere Insekten tötet, die den Pflanzen gar nicht schaden. Jedes Tier hat eine wichtige Aufgabe in der Natur!

Netzflügler
Köcherfliegen

Die Flügel der Netzflügler sehen oft wie ein feines Netz aus, da sie unglaublich viele Adern haben können. Die Tiere können klein und mehlig, aber auch groß und grazil aussehen. In Mitteleuropa gibt es etwa 120 Arten.

Im Gegensatz zu allen bisher vorgestellten Gruppen verwandeln sich die Kinder der Netzflügler und Köcherfliegen auf dem Weg zum erwachsenen Insekt komplett und verpuppen sich hierzu. Diese völlige Verwandlung mit Verpuppung nennt man holometabole Metamorphose. Die bisherigen Gruppen machen dagegen nur eine hemimetabole Metamorphose mit mehr oder weniger ähnlichen Larvenstadien durch. Die Larven der Netzflügler fressen gerne Blattläuse. Die erwachsenen Insekten fressen manchmal auch Blattläuse, aber meistens bevorzugen sie Pollen, Nektar oder Honigtau von Blattläusen, sind also richtige Feinschmecker.

Vielleicht hast du auch schon mal ein Goldauge (das große Bild und S. 4–5) im Haus gefunden? Diese Tiere fliegen nämlich gerne abends ein, wenn ein Fenster offen ist. Sie tun dir nichts und sind auch noch schön.

Als Kind und als Erwachsener stehe ich auf Blattläuse.
Du könntest mich mit einer Köcherfliege verwechseln. Die haben aber nicht so netzartige Flügeladern.

Micromus variegatus
Gefleckter Taghaft

Zum Vergleich: Ich bin hier die einzige Köcherfliege. Meine Larven leben im Wasser in selbstgebauten Köchern. 400 Arten gibt es in Mitteleuropa.

eine Köcherfliege

Meine Flügel sind steiler hochgeklappt als bei manchen ähnlich aussehenden Pflanzenläusen. Bitte nicht verwechseln! Obwohl ich Blattläuse zum Fressen gern habe!
Am liebsten mag ich Süßes! Und warum nennt man mich wohl Goldauge?
Hilfe!
Ich fresse bis zu 500 Blattläuse, bis ich groß bin! Da freut sich der Gärtner und nennt mich den Blattlauslöwen! Roarrr!
Mit dem Saft aus meinen Saugzangen löse ich eine Blattlaus in 2 Minuten innerlich auf.
Saugzangen

ein zauberhafter Staubhaft

Chrysoperla carnea
Goldauge, Florfliege
auf Wiesenkerbel

Larve der Florfliege
Chrysoperla carnea
frisst Blattlaus

Käfer (Das Leben der Käfer)

Mit 350 000 beschriebenen Arten sind die Käfer die artenreichste Tiergruppe der Welt! Zumindest was die bekannten Arten betrifft.

Käfer sind gut gepanzert. Oft haben sie farbenprächtige Flügeldecken und es macht Spaß, sie anzuschauen.

Eier an Blatt

Larve schlüpft

Larve frisst und wächst

Mir schmeckt's, Mama!

Die Käfer und alle Insekten, die jetzt noch kommen, verwandeln sich während eines Puppenstadiums völlig. Oft leben Kinder (Larven) und Erwachsene (Adulte) ganz unterschiedlich. Hier siehst du solch eine Totalverwandlung (holometabole Metamorphose) eines Marienkäfers.

Aus dem Ei schlüpft eine Larve, die wächst und sich verpuppt. In der Puppe lösen sich die Organe teilweise auf und alles verändert sich völlig. Am Ende kommt etwas ganz Neues heraus. Hier ein schöner Marienkäfer.

Larve kurz vor der Verpuppung

REKORD!
Tiergruppe mit den meisten Arten!
Ich fresse fleißig Blattläuse, genau wie meine Kinder.
Hilfe, warum immer wir Blattläuse? Das ist ungerecht!
Puppe
fertiger Käfer

Harmonia axyridis
Asiatischer Marienkäfer
erwachsener Käfer

Käfer (Laufkäfer)

Hier sind die Schnellläufer unter den Käfern zu sehen. Viele Laufkäfer jagen ihre Beute im Lauf. Dabei sind sie unschlagbar.

Ich habe vier ganz coole Flecken! Dazwischen sieht das Dunkle wie ein Kreuz aus. Daher mein Name.
Wie so viele große Laufkäfer bin ich nachtaktiv. Und ihr anderen, ihr seid alle Angeber!

Bembidion tetracolum
Großer Kreuz-Ahlenläufer

Ich bin der Größte auf dieser Seite, ich mag Insekten und besonders Schmetterlingsraupen.

Carabus nemoralis
Hainlaufkäfer

Schaufelbein
Ich grabe die besten Gänge von allen! Seht mal, meine Schaufelbeine! Neben Larven fresse ich manchmal auch Pflanzen.

Clivina fossor
Gewöhnlicher Grabspornläufer

Limodromus assimilis
Schwarzer Putzläufer

Wir sind klein und fressen noch kleinere Tiere.

Acupalpus exiguus
Dunkler Buntschnellläufer

Acupalpus meridianus
Feld-Buntschnellläufer

Wenn ich überwintere, dann am liebsten mit einer Gruppe von Freunden unter Steinen.

Anchomenus dorsalis
Buntfarbener Putzläufer

Ich esse nur Pflanzen. Das machen nicht viele von uns Laufkäfern.

Ophonus rufibarbis

Nun, ich bin ganz verrückt nach Springschwänzen.

Nebria salina
Feld-Dammläufer

Diesen seltenen Laufkäfer, der erst seit etwa 1980 in Deutschland vorkommt, hat meine Tochter aus der Erde eines Maulwurfshaufens ausgegraben. Manchmal finden kleine Forscherinnen und Forscher wirklich tolle Tiere!

Mich finden Käferfreunde spannend!

Leistus fulvibarbis
Westlicher Bartläufer

Im Frühjahr bin ich am Boden, auf Holz und über dem Boden in der Krautschicht aktiv.

Philorhizus melanocephalus
Schwarzkopf-Zwergrindenläufer

Ich jage gerne kleine Insekten auf der Rinde von Laubbäumen. Und ganz ehrlich, meine Flecken sind viel cooler als die des angeberischen Kreuz-Ahlenläufers!

Dromius quadrimaculatus
Vierfleck-Rindenläufer

Käfer

Du kannst froh sein, wenn ich da bin. Meine Larven fressen nämlich Mückenlarven. Weniger Stiche für dich!

Colymbetes fuscus
Gemeiner Teichschwimmer

Meine Larven leben als Räuber im Wasser. Sie fressen sogar Kaulquappen.

Agabus bipustulatus
Gemeiner Schnellschwimmer

Hydroporus planus
Zwergschwimmer

Hydroporus
ein Schwimmkäfer

Wir und unsere Kinder fressen kleine Wassertiere. Wir können sehr schnell schwimmen.

Acilius sulcatus
Gemeiner Furchenschwimmer
Larve

Ich verdaue meine Beute noch vor dem Mund und sauge sie dann aus! Ganz schön gemein, aber so bin ich nun mal!

Hey, Zwergschwimmer da oben! Das ist ja genau wie bei mir!

Ilybius
Schlammschwimmer

(Schwimmkäfer, Wassertreter, Wasserkäfer)

Die drei Käferfamilien auf dieser Doppelseite freuen sich über die Nähe von Wasser, in dem sie als Erwachsene leben oder wenigstens ihre Larven sich entwickeln. Auch unser Tümpel hinterm Haus reicht ihnen.

Ich kann sogar etwas Salzwasser vertragen.

Hydrobius fuscipes
Braunfüßiger Wasserkäfer

In der Nähe von Wasserpflanzen ist es für mich am schönsten.

Haliplus lineatocollis
ein Wassertreter

Ich mag ruhige Gewässer mit vielen Pflanzen. Die fresse ich. Meine Larve frisst Tiere. Sie hebt ihre Beute zum Fressen aus dem Wasser und beträufelt sie mit Verdauungssaft.

Hydrochara caraboides
Kleiner Kolbenwasserkäfer

Uns beiden reichen schon Pfützen.

Helophorus griseus
ein Wasserkäfer

Helophorus hat 5 Furchen auf dem Halsschild.

Helophorus grandis
ein Wasserkäfer

Käfer (Kurzflügelkäfer)

REKORD! Käferfamilie mit den meisten Arten!

Jetzt wird es richtig vielfältig! In Deutschland gibt es über 1500 Arten von Kurzflüglern! Und in unserem Garten sind sie die Gewinner des Wettbewerbs „Wer hat die meisten Arten?"

Einziges Problem: Man kann die Arten nur sehr schwer unterscheiden. Ich habe es trotzdem versucht. Schade, dass nur wenige auch deutsche Namen haben!

Diese Käfer haben sehr kurze Flügeldecken. Dadurch sind sie beweglicher als andere Käfer und können sich überall durchschlängeln.

Sie leben gerne in der Streu oder manchmal auch in Tierhöhlen. Und noch an vielen anderen Orten.

Ich fresse Algen an Ufern, wo ich auch Gänge grabe.

Platystethus cornutus

Bei der Gattung *Platystethus* sind die Flügeldecken hinten gerundet.

Wer bin ich und wenn ja, wie viele?

ein philosophischer *Atheta*

Wir lieben Kompost!

Einbuchtung

Megarthrus denticollis

Lithocharis nigriceps

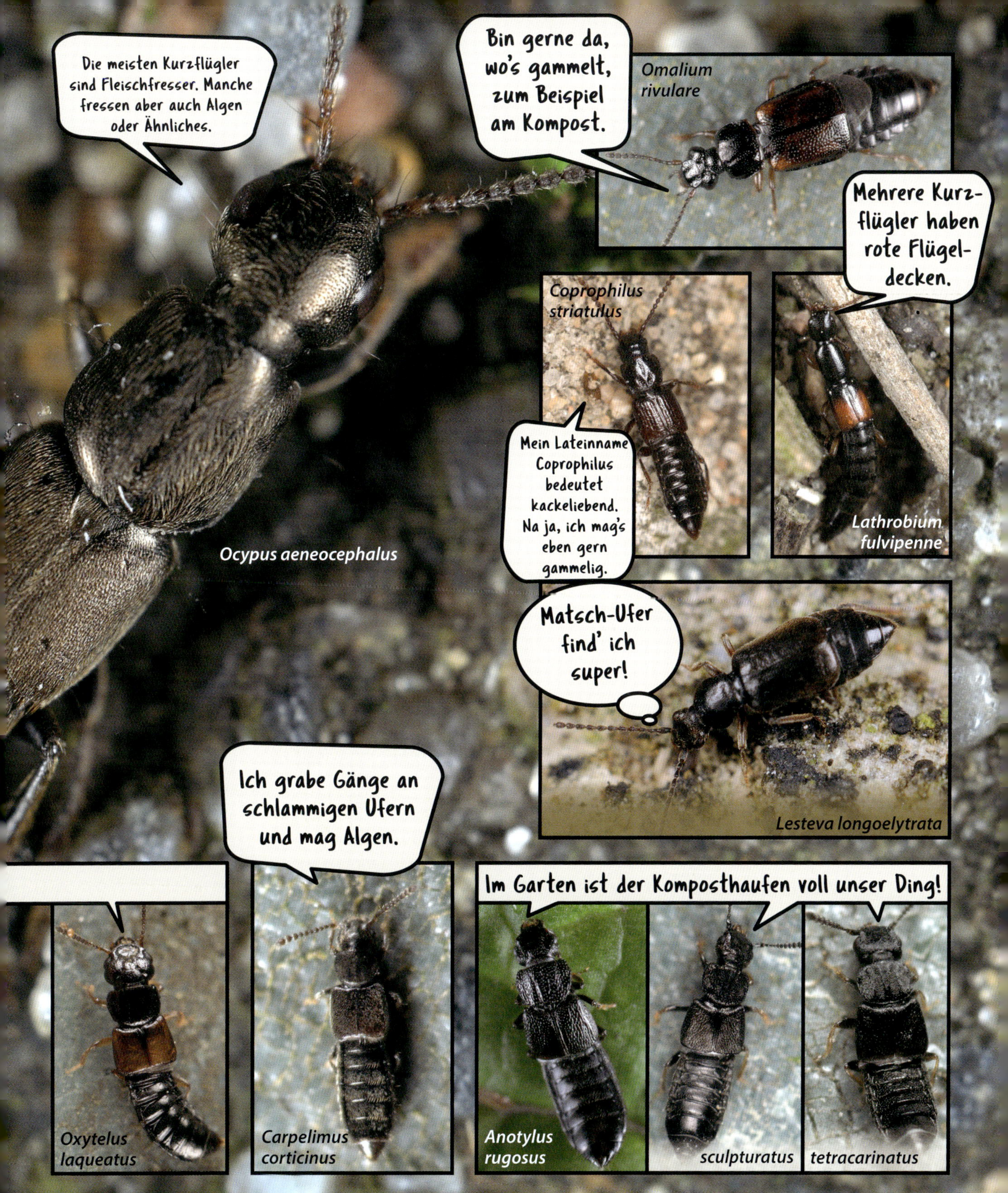
Die meisten Kurzflügler sind Fleischfresser. Manche fressen aber auch Algen oder Ähnliches.
Bin gerne da, wo's gammelt, zum Beispiel am Kompost.
Mehrere Kurzflügler haben rote Flügeldecken.
Mein Lateinname Coprophilus bedeutet kackeliebend. Na ja, ich mag's eben gern gammelig.
Matsch-Ufer find' ich super!
Ich grabe Gänge an schlammigen Ufern und mag Algen.
Im Garten ist der Komposthaufen voll unser Ding!

Ocypus aeneocephalus

Omalium rivulare

Coprophilus striatulus

Lathrobium fulvipenne

Lesteva longoelytrata

Oxytelus laqueatus

Carpelimus corticinus

Anotylus rugosus

sculpturatus

tetracarinatus

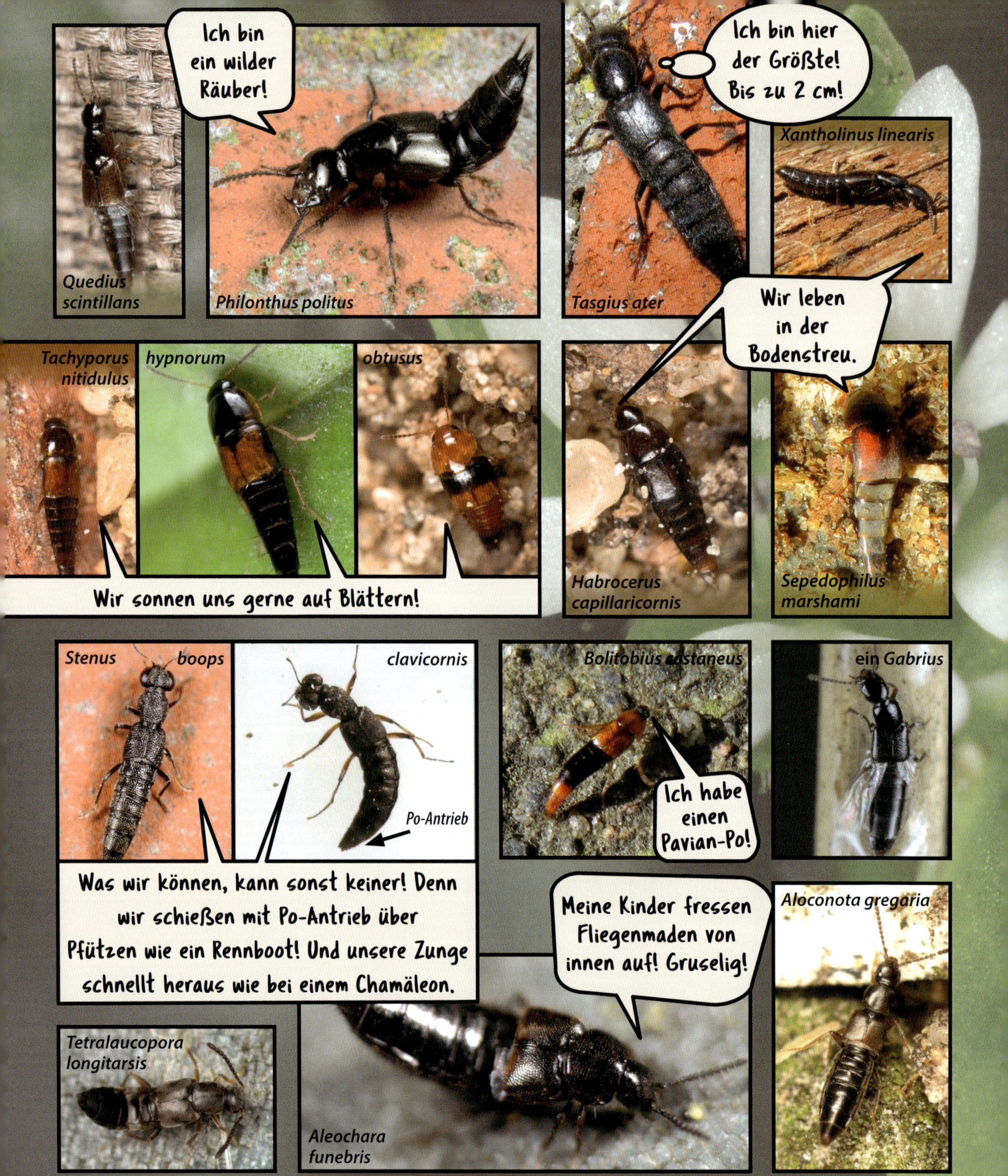
Ich bin ein wilder Räuber!
Quedius scintillans
Philonthus politus
Ich bin hier der Größte! Bis zu 2 cm!
Tasgius ater
Xantholinus linearis
Wir leben in der Bodenstreu.
Tachyporus nitidulus
hypnorum
obtusus
Wir sonnen uns gerne auf Blättern!
Habrocerus capillaricornis
Sepedophilus marshami
Stenus boops
clavicornis
Po-Antrieb
Was wir können, kann sonst keiner! Denn wir schießen mit Po-Antrieb über Pfützen wie ein Rennboot! Und unsere Zunge schnellt heraus wie bei einem Chamäleon.
Bolitobius castaneus
Ich habe einen Pavian-Po!
ein Gabrius
Meine Kinder fressen Fliegenmaden von innen auf! Gruselig!
Aloconota gregaria
Tetralaucopora longitarsis
Aleochara funebris

Käfer (Kurzflügelkäfer)

Hier drängen sich die Käfer dicht an dicht, die meisten auf dem Kompost. Bei den Kurzflüglern kommt es auf die feinen Unterschiede an. Fast alle Kurzflügler können ihre Flügel unter den Deckflügeln zusammenfalten.

Cypha tarsalis

Oligota inflata
parva
pusillima
Wir sind so klein wie ein Stecknadelkopf. Wir sind richtige Gartenzwerge!

Die Gattung *Atheta* bringt selbst Expertinnen und Experten immer wieder zur Verzweiflung. Sie ist die Käfergattung mit den meisten Arten. Allein in Deutschland gibt es fast 200 Arten!

Amischa analis
nigrofusca
decipiens
Wir entfalten gerade unsere Flügel.

irgendein *Atheta*
Hinterleib kann zur Abwehr hochgereckt werden. Bäh! Stinkt manchmal auch!

Atheta und kein Ende …
aeneicollis
amplicollis
fungi
Alter Falter! Was geht? Sehen wir uns auf dem Kompost?
laticollis
triangulum
atramentaria
trinotata

Käfer (Speckkäfer, Nestkäfer, Aaskäfer, Punktkäfer)

ein Punktkäfer

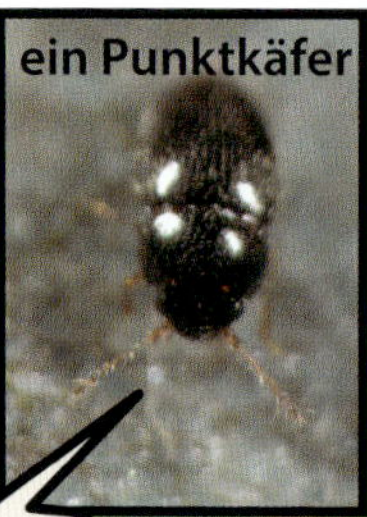
Bin klein wie ein Punkt.

Wenn Schnellkäfer auf dem Rücken liegen, macht es KLICK! und sie schnellen hoch und landen wieder auf ihren Beinen. Meistens. Das machen sie mit einem ausrastenden Schnellapparat auf der Bauchseite.

Ich raste gleich aus!

Zwei Speckkäfer packen aus:

Bei uns fressen die erwachsenen Tiere Pollen. Aber unsere Larven sind in Museen gefürchtet, weil sie Insektensammlungen fressen! Deshalb nennt man uns auch Museumskäfer.

Anthrenus verbasci
Wollkraut-Blütenkäfer

schöne bunte Schuppen

Anthrenus pimpinellae
Bibernellen-Blütenkäfer

Catops
ein Nestkäfer

Wir Nestkäfer leben in den Nestern von Säugetieren.

Thanatophilus sinuatus
Gerippter Totenfreund

Ich bin ein Aaskäfer. Ich suche tote Mäuse und Vögel, damit meine Kinder darin aufwachsen können. Okay, es gibt sicher besser riechende Kinderzimmer. Aber damit nicht überall tote Tiere herumliegen, sind wir in der Natur wichtig.

(Schnellkäfer, Stutzkäfer)

Ich bin ziemlich selten!
Wir sind Vegetarier.

Adrastus pallens

Agriotes sputator
Gelbbrauner Schnellkäfer

Ich bin klein und ziemlich selten.

Oedostethus quadripustulatus

Stutzkäfer haben oft hinten gestutzte Flügeldecken. Einer hier aber nicht.

Ich bin etwas Besonderes!

Abraeus granulum
ein Stutzkäfer

Das macht mich stutzig.
gestutzt

Margarinotus neglectus

Agriotes obscurus

Bin ich jetzt endlich dran?
Bei Weichkäfern ist der Halsschild oft breit gerandet. Bei den auf den nächsten Seiten folgenden Bockkäfern eher nicht.
Außer auf Kräutern und Stauden sitze ich auch gerne mal auf Getreideähren.
Beine oft einfarbig, Flügeldecken hell
Wir sehen so nett aus, aber zumindest unsere Kinder sind richtige kleine Räuber! Insekten, Schnecken und Würmer, nehmt euch in Acht! Wir Erwachsenen lauern Insekten auf Blüten auf.

Cantharis rufa
Roter Fliegenkäfer

Käfer (Weichkäfer, Wollhaarkäfer)

Die Weichkäfer ähneln mit ihren langen Fühlern den bekannteren Bockkäfern (S. 50–51). Ihre Flügeldecken sind jedoch meist etwas weicher und biegsamer.

Im Sommer sitzen die Tiere auf grünen Pflanzen und weißen Doldenblüten am Gartenrand. Gerne auch aufeinander!

Beine zweifarbig

Cantharis livida
Variabler Weichkäfer
helle Form

hinten dunkel
Ich bin am häufigsten hier. Kein Wunder! Am liebsten kuschle ich mit meinesgleichen auf den Blüten. Da sitzen wir oft zu zweit. Unsere Larven sind Räuber. Wir Großen fressen zwar auch Tiere, aber am liebsten Pollen und Nektar.

Rhagonycha fulva
Roter Weichkäfer

Mich gibt's in hell oder dunkel. Der Große da oben sagt, er sei der Helle. Aber ganz ehrlich, so helle ist der gar nicht!

Cantharis livida
Variabler Weichkäfer
dunkle Form

Ich habe Ähnlichkeit mit den Weichkäfern, bin aber ein Wollhaarkäfer.

Dasytes plumbeus
Bleischwarzer
Wollhaarkäfer

Mich findet man in Nordeuropa seltener als die anderen hier.
Beine einfarbig, Flügeldecken dunkel

Cantharis lateralis
Gerandeter
Weichkäfer

Käfer (Bockkäfer)

Wie die Weichkäfer haben auch die Bockkäfer sehr lange Fühler. Ihr Halsschild hat aber oft nicht so einen abgeflachten Rand. Die Tiere freuen sich, wenn es Totholz für die Larven in der Nähe gibt, sitzen aber auch gerne auf Blüten.

Clytus arietis
Wespenbock

Ich sitze gerne auf Blüten und Totholz. Meine Kinder leben zwischen Rinde und Holz. Und ich tue so, als wäre ich eine Wespe. Das schreckt ab!

Meine Larven brauchen Erde mit einem bestimmten Pilz, dem Nelken-Schwindling. Wir Alten sitzen auf lichten Blüten und vergnügen uns.

Bei Bockkäfern ist der Halsschild hinten ohne flachen Rand.

Käferspaß!

Strangalia attenuata
Schlanker Schmalbock

Meine Kinder wohnen in Eichen. Ich finde helle Blüten toll!

Ich habe ein wenig geschummelt, denn in unserem Nordstrander Garten habe ich nur den Großen Pappelbock und den Kleinen Halsbock gefunden. In unserem alten Wardenburger Garten gab es mehr Bockkäfer. Ich zeige sie, weil sie so schön sind.

Stictoleptura rubra
Rothalsbock
Mit einem Legebohrer lege ich meine Eier im Holz ab.
Bei meiner Art sehen Männchen und Weibchen ganz unterschiedlich aus. Bei euch auch?
Legebohrer
Männchen
Weibchen
Pseudovadonia livida
Kleiner Halsbock
Saperda carcharias
Großer Pappelbock
Um den Garten herum standen wunderschöne Pappeln und Weiden. Ich liebe sie einfach! Meine Kinder wohnen in ihrem Holz.
Wirklich, ich liebe Brennnesseln und Disteln! Meine Kinder leben in den Stängeln.
Agapanthia villosoviridescens
Distelbock
Ich glaube, ich habe den längsten lateinischen Namen in diesem Buch. Wenn ihr einen noch längeren Namen findet, dann könnt ihr ihn behalten.

Käfer (Glattkäfer, Pilzkäfer,

Ich bin ein kleiner Pilzkäfer und esse Pilze. Klingt logisch, oder? Wir sind oft bunt und schön. Nur der da unten nicht.

Dacne bipustulata

Wir Glattkäfer könnten eigentlich auch Glatzenkäfer heißen, denn wir sind auf der Oberseite unbehaart. Man findet uns auf Blüten und Gräsern.

Stilbus testaceus
Schwarzbrauner Glattkäfer

Wie bitte??

Cryptophilus
noch ein Pilzkäfer

Milben
Ich bin ein Milben-Taxi. Findest du in dem Buch noch mehr Milben-Taxis? Übrigens: Das Herumtragen von anderen Tieren nennt man Phoresie.

Ephistemus globulus
ein Schimmelkäfer

Die winzigen Schimmelkäfer finden wir oft im Kompost. Denn sie und ihre Larven ernähren sich von Schimmelpilzen und noch Unschönerem.

Atomaria linearis

Wir sind fein behaart. Typ Dreitagebart.

Atomaria fuscata

Man findet mich auch in Tierbauten, weil es dort oft schimmelt.

Cryptophagus
ein Schimmelkäfer

Schimmelkäfer, Sumpfkäfer)

Die kleinen behaarten Sumpfkäfer sieht man oft auf Blättern sitzen. Vor allem, wenn wie bei uns ein Tümpel in der Nähe ist. Denn dort leben ihre Kinder vom Matsch! Was die Erwachsenen fressen, weiß niemand so genau.

He! Nicht quatschen!
Im Gegensatz zu euch Menschen ist bei meiner Art das Männchen oft kleiner als das Weibchen.
Der Penis ist bei Käfermännern oft so eine Art Haken. An seiner Form kann man alle Arten unterscheiden, denn er passt nur bei der richtigen Frau.

Contacyphon coarctatus bei der Paarung

Ich sumpf' gerne rum!

ein *Contacyphon*

noch ein *Contacyphon*

Wir alle hier lieben sumpfige Ufer und bevorzugen stehende Gewässer. Nur das Leben der anderen ist ein Fluss.

Microcara testacea

Käfer (Glanzkäfer, Riedglanzkäfer)

Viele andere Käfer glänzen auch, aber diese hier haben den Namen Glanzkäfer erhalten.

Der bekannteste unter ihnen ist sicherlich der Rapsglanzkäfer. Man sieht ihn im Frühjahr und Sommer massenhaft herumfliegen. Gerne landet er auch in deinem gelben Becher. Denn Gelb liebt er!

Ich fliege auf alles Gelbe. Am liebsten natürlich auf gelbe Blüten wie beim Raps. Daher mein Name.

Die Riedglanzkäfer sehen den Glanzkäfern sehr ähnlich, haben aber etwas verkürzte Flügeldecken und andere kleinere Unterschiede.

Du siehst mich oft auf Brennnesseln.

Brachypterus urticae
Brennnesselglanzkäfer

Brassicogethes aeneus
Rapsglanzkäfer
Glischrochilus quadrisignatus
Picknickkäfer
Eigentlich komme ich aus Nordamerika. Wahrscheinlich bin ich direkt nach dem 2. Welt-krieg mit der Luftbrücke nach Berlin gekommen. Seitdem bin ich häufig in Deutschland.
Beim Picknick im Freien komme ich oft vorbei. Ansonsten bin ich natürlich der Glänzendste hier! Das muss man einfach mal sagen!
Das Muster kann auch mal etwas anders aussehen.
Epuraea biguttata
Soronia grisea
Ich sitze gerne an Baumsaft und allem Gammeligen. Und ich glaube, der links von mir und der Picknickkäfer über mir mögen Kompost genauso gerne wie ich.

Pilzfreunde!

Käfer (Stäublingskäfer,

Stäublingskäfer leben als Larven und erwachsene Käfer von Pilzen und Schimmelpilzen. Sie ähneln manchmal den Marienkäfern, aber Kopf und Halsschild sind nicht so stark nach unten gewölbt.

Hältst du mich für einen Marienkäfer? Da irrst du dich gewaltig! Denn die kommen erst auf der nächsten Doppelseite.

Endomychus coccineus
Scharlachroter Stäublingskäfer

Baumschwammkäfer lieben Pilze, vor allem an Bäumen. Aber auch vergammelnde Pflanzen und Kompost sind bei vielen Arten beliebt.

Ja, Rumgammeln ist voll mein Ding!

Mycetophagus quadriguttatus

Bin ich nicht ein schicker Moderkäfer? Ja ja, vermodern wird wieder modern!

Cartodere bifasciata
Gestreifter Moderkäfer

Moderkäfer, Baumschwammkäfer)

Die winzigen Moderkäfer leben gerne an Orten, an denen es modrig ist. Das können vertrocknete und verrottende Pflanzenteile sein, aber auch feuchte Tapeten im Haus.

Dort fressen sie Schimmelpilze und andere kleine Pilze. Die fotografierten Tiere fand ich in der Nähe von Müll und Kompost, wo sie anscheinend auf ihre Kosten kamen.

Corticaria impressa

Manchmal findet man mich sogar in Maulwurfs- und Ameisennestern.

Cartodere nodifer
Schwarzbrauner Rippenmoderkäfer

Ich komme aus Australien und bin erst seit ca. 1870 in Deutschland. Heute lebe ich in der ganzen Welt. Ich bin also ein Kosmopolit.

Latridius minutus

Enicmus transversus

Wir leben ebenfalls manchmal in Nestern und Bauen.

Käfer (Marienkäfer)

**REKORD!
Die bekannteste Käferfamilie!**

Wer an Käfer denkt, denkt meistens an Marienkäfer. Sie sind einfach wunderschön mit ihren Punkten, obwohl manche gar keine Punkte haben. Viele von ihnen sind als Larve oder Erwachsene erfolgreiche Blattlausjäger. Und wusstest du, dass es nicht nur einen Marienkäfer gibt, sondern über 80 Arten in Deutschland?

Ich überwintere in der Bodenstreu.

Halyzia sedecimpunctata
16-Punkt-Marienkäfer

Huch! Ich habe Höhenangst!

Larve des 7-Punkt-Marienkäfers

Coccinella undecimpunctata
11-Punkt-Marienkäfer

Da ich Salz gut vertrage, bin ich oft an der Küste anzutreffen. Ich wurde von Europa nach Neuseeland gebracht, wo ich jetzt auch häufig zu finden bin.

Coccinella septempunctata
7-Punkt-Marienkäfer

Ich will ja nicht prahlen, aber ich 7-Punkt bin als Glückskäfer wahrscheinlich der bekannteste Käfer der Welt!

Meine Eltern und ich ernähren uns ganz anders als viele andere Marienkäfer. Wir fressen nämlich Mehltaupilze. Deshalb mag uns der Gärtner genauso gern wie die Blattlausfresser.

Larve des 22-Punkt-Marienkäfers

Psyllobora vigintiduopunctata
22-Punkt-Marienkäfer

Ich kann ganz unterschiedlich aussehen, sogar schwarz mit roten Punkten.
Meine Art stammt ursprünglich aus Japan und Ostasien. Um Läuse zu fressen, wurde ich in andere Länder gebracht, wo ich ausgebüxt bin. Jetzt komme ich fast überall auf der Welt vor, seit 2002 auch in Deutschland. Manche befürchten, dass ich andere Marienkäfer verdränge. Meine Kinder und meinen Lebenslauf findest du auf Seite 36-37.

Adalia decempunctata
10-Punkt-Marienkäfer

Harmonia axyridis
Asiatischer Marienkäfer

Käfer

Wir Feuerkäfer-
kinder fressen auch
Borkenkäferlarven
und sind deshalb
nützlich.
Larve des Rotköpfigen Feuerkäfers

Wir erwachsenen Feuerkäfer mögen süße
Säfte, genau wie ihr! Aber wir trinken sehr
gerne Honigtau vom Blattlaus-Po.
Ihr wohl eher nicht, oder?
Pyrochroa serraticornis
Rotköpfiger Feuerkäfer

Wir Seidenkäfer sitzen
gerne auf Blüten, zum
Beispiel auf Rosen oder
Doldenblütlern.
Anaspis thoracica

Wenn wir gestört werden, fallen wir
manchmal in Massen von Blättern. Dann
drehen wir uns ganz schnell auf dem Boden,
um die Räuber zu verwirren. Cool, oder?
Anaspis maculata
Gefleckter Scheinstachelkäfer

(Feuerkäfer, Seidenkäfer, Pochkäfer)

Düster schlägt die Totenuhr. Manche Pochkäfer schlagen regelmäßig mit dem Kopf gegen das Holz. Das galt früher als böses Omen für den nahenden Tod. Und manchmal starben Menschen schon vor Angst, wenn sie das Geräusch nur hörten. Dabei will das Käfermännchen mit dem Klopfen eigentlich nur eine Frau anlocken. Gefürchtet ist die Larve des Gemeinen Nagekäfers, der Holzwurm. Er frisst sich durch das Holz und zerstört es. Übrig bleibt nur Holzmehl.

Ich bin unbeliebt, weil ich im Haus Brot und andere Vorräte fresse. In mir lebt ein Hefepilz, der mich mit Vitaminen versorgt.

Stegobium paniceum
Brotkäfer

Fraßspuren der Brotkäferlarve

Anobium punctatum
Gemeiner Nagekäfer, Totenuhr

Ich kann am besten Leute erschrecken! Und wenn ihr zu viele Holzmöbel habt: Immer her damit! Meine Kinder lieben sowas!

Das war mal gedacht als Futter für größere Tiere. Nun wurde es Futter für ganz kleine Käferkinder. Na ja, Hauptsache, man wird satt!

Käfer (Blumenkäfer, Wollkäfer,

Blumenkäfer findet man nicht nur auf Blüten, sondern auch auf Kompost oder unter Laub. Sie sind Allesfresser. Zu dieser Käferfamilie gehört übrigens auch der legendäre Einhornkäfer.

Möge mein Sternenstaub dir immer Glück bringen!
Aber ich habe ein dunkles Geheimnis! Manche sagen, ich fresse tote Ölkäfer, um ihr Gift, das Cantharidin, für meine Schutzzauber zu bekommen.

Notoxus monoceros
Einhornkäfer

Milben-Taxi 2

Omonadus floralis

Früher waren wir Wollkäfer eine eigene Käferfamilie. Das ist leider vorbei. Schade!

Lagria hirta
Gemeiner Wollkäfer

Die Wollkäfer gehören heute zu den Schwarzkäfern. Ihre Larven entwickeln sich in der Bodenstreu, wo sie sich von verrottendem Laub ernähren. Die erwachsenen Käfer bevorzugen frische Blätter von blühenden Pflanzen. Das ist wie bei uns Menschen, wo die Kinder Junkfood lieben, während die Eltern vergeblich hoffen, dass sie auch mal Gemüse essen.

Ölkäfer, Blatthornkäfer)

Ich sehe aus wie ein sehr großer Kurzflügelkäfer. Aber meine Flügeldecken spreizen sich hinten ab der Mitte.
Moment mal! Was sagt der Einhornkäfer da?

Meloe proscarabaeus
Schwarzblauer Ölkäfer
Männchen

Weibchen bei Eiablage

Ölkäfer haben ein aufregendes Leben, aber das ist eine lange Geschichte: Es gibt nämlich drei völlig verschiedene Larven. Die gelb-orange erste Larve klettert auf Blüten und wartet dort auf Bienen. Oder noch cooler: Ganz viele klettern auf einen Grashalm und tun als gelber Klumpen so, als wären sie eine Blüte. Dann klammern sie sich blitzschnell an eine Biene, die darauf fliegt. Es ist aber keine Honigbiene, sondern eine einzeln lebende Biene. In ihrem Bau frisst die Käferlarve nun die Bienenlarve. Dann verwandelt sie sich vollständig und hat keine Beine mehr. Diese zweite Larve frisst den leckeren Pollenbrei, den die Biene eigentlich für ihr Kind gedacht hatte. Das braucht den jetzt nicht mehr. Aus der zweiten Larve wird eine Scheinpuppe, die überwintert. Im Frühjahr schlüpft daraus die dritte Larve, die nichts frisst. Diese wird dann zur richtigen Puppe, aus der gegen April die richtig großen Käfer schlüpfen. Diese fressen umso mehr, paaren sich und legen Eier in den Boden. Daraus schlüpft wieder die erste Larve und alles beginnt von vorne …

Blatthornkäfer haben ihren Namen von ihren seltsam geblätterten Fühlern. Viele wühlen gerne im Dreck, lieben Dung und tote Tiere, aber auch Pilze und Erde, wo sich ihre Kinder, die Engerlinge, entwickeln. Am bekanntesten ist wohl der Maikäfer, den ich allerdings mangels Eichen noch nicht in unserem Garten gefunden habe. Früher wurde er sogar gezuckert oder geröstet als Maikäfersuppe gegessen.

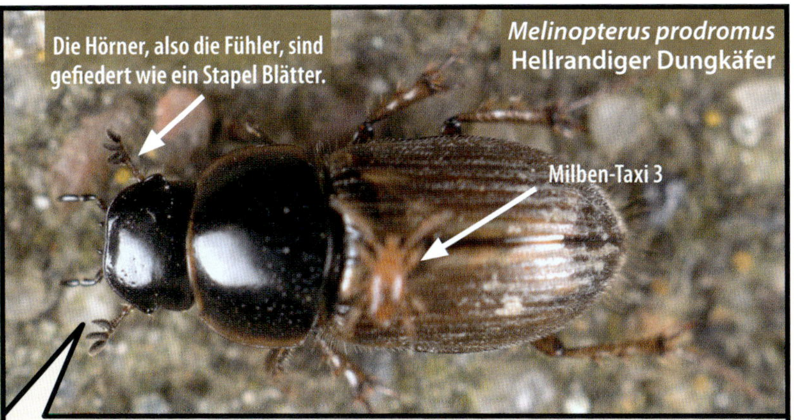
Die Hörner, also die Fühler, sind gefiedert wie ein Stapel Blätter.
Milben-Taxi 3
OK, da hilft kein Drumherum-Reden: Ich mag Kacke! Pferdeäpfel sind super! Und ihr mögt doch auch Äpfel, oder?

Melinopterus prodromus
Hellrandiger Dungkäfer

Glänzend!

Igellarve

Wenn ich platt auf Distelblättern sitze, bin ich kaum zu erkennen. Meine Kinder sehen aus wie kleine Igel und heißen deshalb Igellarven. Die schmieren sich mit Schiete ein, um nicht gefressen zu werden.

Cassida rubiginosa
Distelschildkäfer

Crepidodera aurata
Goldener Erdfloh

Ich liebe einfach die Blätter der Weiden und Pappeln. Genau wie meine Kinder! Übrigens: Findet ihr auch, dass ich der schönste Käfer in diesem Buch bin?

Chrysomela populi
Pappelblattkäfer

Hmmm, Pappeln und Weiden mag ich ebenfalls gern leiden! Und meine Kinder sowieso.

Käfer (Blattkäfer)

Blattkäfer sind oft bunt und glänzend. Sie sitzen gerne auf den Blättern ihrer Nahrungspflanzen, daher der Name. Weltweit gibt es 50 000 Arten von Blattkäfern. Allein in Deutschland sind es über 470 Arten.

Manche von ihnen tun richtig eklige Dinge. So machen einige Blattkäfer auf ihre Eier, weil sie dann niemand mehr fressen mag.

Agelastica alni
Blauer Erlenblattkäfer
Ich lebe wie meine Kinder auf und von Erlenblättern. Die armen Bäume können nachher richtig kahl sein. Na ja, dann nehme ich halt den nächsten.

Bruchus rufimanus
Ackerbohnenkäfer
Ich mag Bohnen, Erbsen, Linsen. Der Bauer tut nicht grinsen. Weil das Pflanzensamen sind, gehörte ich früher zu einer eigenen Familie, den Samenkäfern.

Crepidodera plutus
hell
dunkel
Ich bin schon etwas Besonderes und nicht ganz so häufig zu finden. Man erkennt mich daran, dass meine Fühler ab dem fünften Glied plötzlich ganz dunkel werden.

Wenn du mich sanft zwischen den Fingern hältst, zirp' ich!
Oulema melanopus
Rothalsiges Getreidehähnchen
Wir Getreidehähnchen legen unsere Eier auf den Blättern von Getreide oder Gräsern ab. Meine Kinder machen sich echt schleimig, aber das ist ok für mich. Immerhin schützt sie der Schleim. So sehen sie nämlich aus wie ein Vogelschiss! Und wer will den schon essen?

Käfer (Blattkäfer)

Es gibt eine Reihe von Blattkäfern, die megaweit springen können. Das sind die sogenannten Flohkäfer und Erdflöhe. Diese Springer haben dicke Hinterbeine. Nur eine Art auf diesen Seiten gehört nicht zu diesen beiden Gruppen. Kannst du herausfinden, welche das ist?

Das vorletzte Fußglied ist bei allen Blattkäfern in zwei Lappen geteilt. Bei einigen anderen Käferfamilien allerdings auch.
Wer so dunkel ist wie ich, liebt natürlich Nachtschattengewächse.

Epitrix pubescens
ein Kartoffel-Erdfloh

Vor der Eiablage werde ich richtig dick!

Gastrophysa polygoni
Knöterichblattkäfer

Ich bin ein großer Fan von Wegerich!

Longitarsus melanocephalus
Schwarzköpfiger Wegerich-Erdfloh

An Raps und Kohl fühl' ich mich wohl!

Phyllotreta nemorum
Gelbstreifiger Kohlerdfloh

Bei mir stehen Knöterich und Rüben ganz oben auf der Speisekarte!
Sprungbein

Chaetocnema concinna
Erzglänzender Knöterich-Erdfloh

Ihr mögt vielleicht nachts chatten. Ich dagegen mag Nachtschatten.
Aber nur in bittersüß ist er auch mein Paradies!

Psylliodes dulcamarae
Nachtschatten-Flohkäfer

Alles was ich liebe, ist Raps, Gemüsekohl und Rübe!

Psylliodes chrysocephala
Raps-Erdfloh

Jetzt möchte ich aber dran sein!
Wir Rüsselkäfer haben unseren Mund ganz vorne am Ende eines mehr oder weniger langen Rüssels!
Meine Art findest du meistens auf Brennnesseln. Meine Kinder mögen die Wurzeln und ich mag die Blätter. Die stechen mich komischerweise gar nicht.

Phyllobius pomaceus
Nessel-Blattrüssler

Ich liebe Pappel, mehr noch Weide, selbst in Husum und in Heide!

Isochnus sequensi
Schwarzer Springrüssler

Auch ich mag Weiden und Pappeln. Aber lieber die abgestorbenen Teile.
Milben-Taxi 4

Cossonus linearis
Gemeiner Faulholzrüssler

Käfer (Rüsselkäfer)

Elefanten der Käferwelt

Die Rüsselkäfer sind ein sehr vielfältiger Haufen. Weltweit sind über 60 000 Arten bekannt. Allein in Deutschland gibt es 950 Arten. Manche meinen, sie seien die artenreichste Familie aller Lebewesen auf der Erde!

Noch artenreicher sind vielleicht die Kurzflügelkäfer (S. 42–45). Diese Tiere sind viel unscheinbarer und werden leichter übersehen. Ein weiterer Kandidat für den Titel könnten die Erzwespen sein (S. 170–171), die so winzig sind, dass man die meisten Arten sicher noch nicht kennt und vielleicht auch nie kennenlernen wird, denn leider sterben derzeit so viele Arten für immer aus.

Von Raps fresse ich alles Mögliche. Meine Kinder bevorzugen aber die Samen in den Schoten.

Ceutorhynchus obstrictus
Rapsschotenrüssler

Meine Kinder leben an Schwertlilien (Iris). Ich sitze hier auf Wiesenschaumkraut und warte eigentlich auf die Irisblüte.

Mononychus punctumalbum
Irisrüssler

Man glaubt es kaum, man glaubt es kaum, ich esse gerne Weihnachtsbaum! In Dänemark schädige ich nämlich die Nordmanntannen. Aber ich mag viele verschiedene Baumarten. Und ich vermehre mich mit Jungfernzeugung (S. 15).

Strophosoma melanogrammum
Schwarzfleckiger Trapezrüssler

Käfer (Rüsselkäfer, Spitzmausrüssler)

Warum sind Rüsselkäfer so erfolgreich? Viele mögen nur bestimmte Pflanzen. Diese müssen sie aber nur mit wenigen anderen teilen. Man sagt dazu:

Arten besetzen eine bestimmte ökologische Nische.

Nedyus quadrimaculatus
Gefleckter Brennnesselrüssler

Oh Mann, Brennnesseln sind so cool! Da spielt sich unser ganzes Leben ab. Weil die Menschen sich nicht so viel aus Brennnesseln machen, dürfen wir ungestraft daran knabbern.

Meine Kinder ernähren sich vom Blattgewebe des Ampfers. Vor der Verpuppung spinnen sie sich einen Kokon, der wie ein ballförmiges Netz an der Blattunterseite klebt. Wir fertigen Käfer fressen uns dann durch das Blatt ins Freie. Yippie!

Hypera rumicis
Ampfer-Kokonrüssler

Liophloeus tessulatus
Würfelfleckiger Staubrüssler

Ich bin eher der Eulentyp und im Gegensatz zu vielen anderen Rüsslern nachtaktiv. Auch bei mir gibt es Jungfernzeugung und wenige Männchen. Im Garten mag ich Giersch und Efeu.

Wovon ich und meine Kinder leben, sagt schon mein Name.

Sitona suturalis
Wiesenplatterbsen-Blattrandrüssler

Rotklee ist mein Gemüse!

Protapion apricans
Rotklee-Spitzmausrüssler

Von den Rüsselkäfern wurden mehrere Familien abgespalten, weil es anscheinend zu viele wurden. Eine davon sind die Spitzmausrüssler, die noch etwas schlanker und langrüsseliger sind als viele andere dieser ganzen rüsseligen Käfer-Elefanten. Obwohl sie von der Form her ein bisschen an Spitzmäuse erinnern. Daher der Name.

Im Sommer lege ich zwischendurch mal eine Klee-Fresspause ein. Im Herbst geht's aber weiter.

Ischnopterapion virens
Grüner Klee-Spitzmausrüssler

Achte mal auf die Beinfarbe dieser 3 Arten! Siehst du die Unterschiede?
Wie die anderen auf dieser Seite bin ich popelig klein und mag Klee. Ups! Warum bin ich denn so groß hier? Mich soll doch keiner sehen. Blätter sofort um!

Protapion fulvipes
Rotfüßiger Klee-Spitzmausrüssler

Die Tiere auf dieser Doppelseite gehören zur Familie der Edelfalter, die meist tagsüber fliegen. Sie sind neben den Weißlingen die bekanntesten Schmetterlinge. Ihr erstes Beinpaar ist zu Putzpfoten verkümmert. Sehr niedlich!

Meine Augenflecken erschrecken die Vögel. Sie halten mich für ein riesiges Tier. Solche Angsthasen. Meine Raupen fressen übrigens fast nur Brennnesseln.

Inachis io
Tagpfauenauge

Vanessa cardui
Distelfalter

Der Herr Admiral da unten und ich sind Wanderfalter. Wir gehen natürlich nicht zu Fuß, sondern fliegen weite Strecken. Und ehrlich gesagt kann ich das noch besser als er, denn ich komme jedes Jahr aus Nordafrika. Manchmal sogar in Schwärmen.

Schuppen des Admirals

Ich fliege ab April aus dem Mittelmeerraum zu uns. Na gut, nicht ganz so weit wie der Zugvogel da oben.

Vanessa atalanta
Admiral

Schmetterlinge (Edelfalter)

Die wunderschönen Schmetterlinge und ihre Entwicklung von der Raupe über die Puppe zu einem flatterhaften Wesen kennt wohl jedes Kind. Gut 3700 Arten gibt es in Deutschland, weltweit sind es sogar 160 000 beschriebene Arten!

Meine Raupen fressen nur Brennnesseln. Ich selbst trinke den Nektar von allen möglichen Pflanzen. Deshalb bin ich so erfolgreich. Manchmal verteidige ich sogar mein Revier. Das machen die Herren Tagpfauenauge und Admiral auch. Im Winter möchte ich gerne zu dir ins Haus kommen.

Aglais urticae
Kleiner Fuchs

Maniola jurtina
Großes Ochsenauge

Noch besser sieht mein Augenfleck auf der Flügelunterseite aus. Meine Raupen sind Winterkinder und lieben Süßgräser. Ihr mögt doch auch Süßes. Na gut, so süß ist das Gras nicht.

Schmetterlinge (Weißlinge)

Nur die Weißlinge haben gegabelte Klauen an den Vorderfüßchen. Die sind jedoch schwer zu sehen. Aber ich bin sicher, du erkennst die Weißlinge auch anders, denn viele sind weiß oder zumindest hellgelb gefärbt und flattern tagsüber fröhlich um die Blüten, zum Beispiel um die des Schmetterlingsflieders.

Gonepteryx rhamni
Zitronenfalter

Ich bin einer der frühesten Schmetterlinge und tauche oft schon im Februar auf. Das liegt daran, dass ich mit Frostschutzmittel im Blut überwintern kann. Vom Kohlweißling unterscheide ich mich durch die Spitze am Hinterflügel. Und natürlich bin ich gelber. Sonst hieße ich ja auch nicht Zitronenfalter. Von allen Schmetterlingen in Deutschland lebe ich am längsten, nämlich 12 Monate. Meine Raupen mögen Kreuzdorn.

Nicht ganz bei der Sache, der Typ!
dunklere Schuppen an den Adern
Ich häng' heute mal so richtig ab!

Pieris napi
Rapsweißling

nur leicht grau
Oh nein! Frau Spatz rechts frisst meine Kinder!

Pieris rapae
Kleiner Kohlweißling

Meine Raupen lieben Kohl. Da ahnt man, woher mein Name kommt. Leider bin ich deshalb bei den Menschen nicht so beliebt. Aber verhungert ist deswegen noch keiner von euch, oder?
Die schönen schwarzen Flecken auf den Flügeln haben unsere Männchen übrigens nicht, nur wir Weibchen!
recht dunkler Rand

Pieris brassicae
Großer Kohlweißling
Weibchen

Jamjam!
Raupe des Kleinen Kohlweißlings

Hey, Kinder! Wie wär's mit einem Deal: Wenn ich euren Kohl essen darf, müsst ihr das nicht mehr tun! Apropos essen: Den Larven der Kohlweißlingsschlupfwespe schmecke ich leider sehr gut. Also erzählt ihr nichts von mir! Bitte!

Pieris brassicae
Großer Kohlweißling
Raupe

Schmetterlinge

Wie die echten Eulen sind auch die Eulenfalter meist nachts unterwegs. Und – man glaubt es kaum – in Südostasien gibt es sogar blutsaugende Arten. Bei uns sind aber alle harmlos.

Gamma-Fleck

Autographa gamma
Gammaeule

Ich bin einer der wenigen Eulenfalter, die tagsüber fliegen. Auf meinem Flügel habe ich einen weißen Fleck. Er sieht aus wie der griechische Buchstabe Gamma: γ Deshalb heiße ich Gammaeule.

Meine Raupe und ich sind riesig.

Sphinx ligustri
Ligusterschwärmer

Liguster gab's zwar nicht im Garten, aber ich mag als Raupe auch Flieder, Eschen, Johannisbeere und Apfelbaum.

Raupe

Was glaubst du, warum mein Name Dreipunkteule ist?

Amphipyra tragopogonis
Dreipunkteule

Ich liebe Ufer mit Weiden und Pappeln. Leider wird meine Art immer seltener. Aber immerhin war ich Schmetterling des Jahres 2015!

Catocala nupta
Rotes Ordensband

Ich fliege gerne im Haus herum, daher mein Name. Meine Raupen mögen viele verschiedene Pflanzen. Vielleicht bin ich deshalb so weit verbreitet?

Noctua pronuba
Hausmutter

(Eulenfalter, Schwärmer, Glucken)

Die Schwärmer können sehr groß werden. Sie besitzen alle einen Saugrüssel.

Ich kann im Flug aus Blüten trinken wie ein Kolibri.

Macroglossum stellatarum
Taubenschwänzchen

Wenn ich mir ein Tier aus diesem Buch als Kuscheltier aussuchen dürfte, dann wäre es die Grasglucke. Sie ist so süß und knuddelig! Die Glucke hat ihren Namen, weil sie aussieht wie eine brütende Henne.

Wir Glucken haben keinen Saugrüssel und können deshalb nichts fressen. Leider müssen wir deshalb kurz nach der Paarung und Eiablage sterben. Wie schade!

Euthrix potatoria
Grasglucke

Meine Kinder leben an Pappeln und Weiden.

Laothoe populi
Pappelschwärmer

Bei Gefahr ziehe ich den Kopf ein und riesige Augenflecken scheinen den Angreifer plötzlich anzustarren.

Raupe des Weinschwärmers

Ich trinke nachts Nektar, während meine Raupen Weidenröschen lieben.

Deilephila elpenor
Mittlerer Weinschwärmer

Schmetterlinge (Spanner)

Die Spanner sind bekannt für ihre lustigen Raupen, die wie eine Ziehharmonika über die Blätter laufen, wobei die Mitte wie ein Bogen nach oben gespannt ist. Die erwachsenen Tiere haben ihre Flügel weit gespreizt.

Wirklich spannend, mein Leben!

Typische Spannerraupe

Man findet mich oft in Gärten, wo meine Kinder gerne von den Blüten des Holunders und anderer Pflanzen naschen.

Chloroclystis v-ata
Grüner Blütenspanner

Ich labe mich an Labkraut.

Epirrhoe alternata
Graubinden-Labkrautspanner

Meistens findet man mich in der Nähe menschlicher Siedlungen. Dort fressen meine Raupen alle möglichen Pflanzen. Wenn es wärmer und trockener ist, gibt es von meiner Art auch mal dunklere Tiere. Tagsüber sitze ich gerne an hellen Wänden.

Idaea seriata
Grauer Zwergspanner

Pasiphila rectangulata
Graugrüner Apfel-Blütenspanner

Ich bin gerne dort, wo Obstbäume sind. Und das ist oft bei euch Menschen. Deshalb bin ich ein Kulturfolger wie der Graue Zwergspanner. Meine Kinder lieben die Blüten der Apfel-, Birn- und Kirschbäume.

Ich mag es waldiger und buschiger. Meine Raupen lieben Weißdorn- und Labkrautblätter.

Dieses Muster und das der anderen Spanner dient der Tarnung.

Colostygia pectinataria
Prachtgrüner Bindenspanner

Man nennt mich auch den Ampferspanner. Meine Kinder sind nämlich ganz verrückt nach allen Arten von Ampfer. Die Linie, die über meine Vorder- und Hinterflügel verläuft, macht es den Vögeln schwer, mich zu erkennen.

Timandra comae
Rotrandspanner

Meine Kinder fressen alle möglichen Blüten, auch Gänseblümchen. Deshalb liebe ich Gärten.

Gymnoscelis rufifasciata
Rotgebänderter Blütenspanner

Schmetterlinge

Gespinstmotten,

Glyphipterix simpliciella
Hahnenfußmotte

Ich gehöre zu den Wippmotten und lege meine Eier auf Knäuelgras. Du siehst mich oft auf Butterblumen sitzen und manchmal auch auf Gänseblümchen. Die liebe ich!

Yponomeuta

Die Kinder von uns Gespinstmotten leben oft gesellig in einem Gespinst an Obstbäumen. Die Obstbauern mögen uns gar nicht!

Bryotropha domestica

Die Palpenmotten sind meine Familie. Ich selbst bin gerne bei den Menschen und fresse Moos von den Hauswänden. Mach bloß kein Licht an, sonst fliege ich dauernd da rein! Autsch!

Plutella xylostella
Kohlschabe

Ihr Menschen habt mich über die ganze Welt verbreitet. Denn auf Kohl fühle ich mich wohl. Und darauf bin ich mit den Menschen gereist. Manche wollten mich mit Gift bekämpfen, aber auch das macht mir oft nichts aus. Ich kann mich megaschnell vermehren und gehöre übrigens zu den Schleiermotten.

(Echte Motten, Fransenmotten, Wippmotten, Schleiermotten, Palpenmotten)

Bis jetzt war es ja noch halbwegs lustig mit den Großschmetterlingen. Aber ab jetzt bis Seite 85 kommen die Kleinschmetterlinge dran, die viel artenreicher, aber leider auch schwerer zu bestimmen sind. Ich zeige dir einfach die Tiere, die ich bei uns fand, wobei die Pelzmotte weniger im Garten als im Haus lebt. Da sollte man seine Kleidung besser in Sicherheit bringen. Sie gehört übrigens zu den Echten Motten.

Ich fresse keine Motten, nur Klamotten!

Tinea pellionella
Pelzmotte

Flügelschuppen der Pelzmotte

Mompha epilobiella

Bei uns Fransenmotten ist auch der Kopf dicht mit Schuppen bedeckt. Meine Kinder lieben das Zottige Weidenröschen. Das findet man oft an Grabenrändern. Hmmm, lecker!

Schmetterlinge

Faulholzmotten, Knospenmotten)

Hier geht es noch weiter mit den richtig mottigen Motten. Es gibt wirklich unzählige, die so ähnlich aussehen wie diese hier.

Hofmannophila pseudospretella
Samenmotte

Eigentlich komme ich aus Asien und lebe seit etwa 1840 auch in Europa. Ich wohne gerne in euren Häusern, aber manchmal auch in Vogelnestern. Ich fresse viele Dinge, zum Beispiel Samen, Leder, Kleider und Bücher. Aber ein spannendes Buch hast du bestimmt auch schon verschlungen.

Die Raupen von uns drei Faulholzmotten leben meist in morschem Holz und Pflanzenabfällen, aber auch in Samen. Meine eigene Larve lebt am liebsten unter der Rinde von Totholz und mag auch Vogelnester.

Borkhausenia luridicomella

Ich bin ziemlich gefürchtet, denn meine Raupen fressen Wolle, Teppiche und Kleider. Besser, ihr gebt eure Sachen freiwillig raus, sonst hole ich sie mir!

Endrosis sarcitrella
Kleistermotte

Die drei Faulholzmotten-Arten hier links sehen einander besonders ähnlich!

(Spreizflügelfalter, Wickler, Grasminiermotten,

Nun, es gab viele Disteln und Klee in dem Garten, in dem ich fotografiert wurde. Genau mein Ding! Also das meiner Raupen! Übrigens: Frau Celypha rechts und ich sind Wickler.

Agapeta hamana
Distelblattroller

Meine Kinder fressen alles, was im Garten wächst. Sie sind nicht so wählerisch wie manche Men-schenkinder!

Celypha lacunana

Magst du Kätzchen? Meine Kinder auch! Und zwar Birken-kätzchen und Erlenkätzchen! Ich gehöre zu den Knospenmotten.

Argyresthia goedartella

Ich liebe die Gold-rute über alles. Meine lieben Kleinen stehen dagegen voll auf Brennnessel.

Anthophila fabriciana
Brennnessel-Spreizflügelfalter

Und meine süßen Kleinen fressen Gänge in Gräser. Das machen wir Grasminiermotten nämlich so!

Elachista freyerella

Schmetter-

Anania hortulata
Brennnesselzünsler

Man kann mich ziemlich gut an der Zeichnung erkennen, obwohl ich dem Stachelbeerspanner etwas ähnlich sehe. Aber der ist nicht im Buch. Meine Raupe und ich sitzen gerne auf Brennnesseln.

Eudonia mercurella

Ich bin oft in Gärten, aber auch in Parks und Wäldern anzutreffen. Meine Raupen und Puppen leben von und im Moos. Die Menschen mögen Schuppen nicht besonders. Aber sind meine nicht toll? Auf meinem Kopf kann man sehen, wie sich bei uns Schmetterlingen die Haare langsam in Schuppen verwandelt haben.

linge (Zünslerfalter, Federgeistchen)

Ich bin nicht sehr beliebt, weil meine Raupen Mehl und alle möglichen Körner fressen. Deshalb findet man mich oft in Mühlen und Bäckereien. Hier siehst du mich in meiner typischen Ruhestellung, aus der ich mich kaum aufschrecken lasse.

Pyralis farinalis
Mehlzünsler

Die Zünslerfalter haben oft einen mehr oder weniger weit nach vorne ragenden Rüssel. Die Tiere haben sich viele Lebensräume erobert. Einige Zünsler haben sogar Raupen, die unter Wasser leben können. Auf dieser Seite ist auch ein zartes Federgeistchen. Kannst du es finden?

Darf ich immer noch nicht?

Ich bin so gespenstisch!
HUI HUH!
Wegen meiner federartigen Flügel und meines geisterhaften Aussehens heiße ich Federgeistchen. Meine Raupenkinder leben an Winden, die es bei dem Biologen im Garten an der Hecke massenhaft gab.

Pterophorus pentadactyla
Weiße Winden-Federmotte

Meine Kinder gehören zur Graswurzelbewegung. Die fressen sie nämlich. Wenn du über den Rasen läufst, scheuchst du mich auf und ich fliege ein paar Halme weiter.

Chrysoteuchia culmella
Rispengraszünsler

Zweiflügler

Viele Insekten haben vier Flügel. Aber die Zweiflügler haben nur zwei. Na ja, zwei große Flügel. Von den Hinterflügeln sind aber noch zwei winzige Stummel übrig geblieben. Das sind die Schwingkölbchen.

Überhaupt spielt die „Zwei" bei den Zweiflüglern eine wichtige Rolle. Es gibt nämlich zwei große Gruppen von Zweiflüglern: Mücken und Fliegen. Weltweit gibt es mehr als 150 000 Arten von Zweiflüglern. Davon sind mehr als 55 000 Arten Mücken, der Rest sind Fliegen. In Mitteleuropa leben über 9200 Zweiflüglerarten.

An den Fühlern kann man die Mücken und Fliegen unterscheiden, wenn nicht ohnehin schon am Aussehen. Bei Mücken sehen die Fühler ziemlich normal aus, mit gleichmäßigen Gliedern.

Bei den Fliegen sind sie jedoch oft wie ein dicker Knubbel vorne am Kopf, an dem sich ein kleiner Faden befindet. Oder sie sehen noch anders aus, wobei die einzelnen Fühlerglieder sehr unterschiedlich ausgebildet sind.

Nimm diesen Stich! Äh, ich meine Biss!
Ich sterbää!
eine Form von Mücken-Fühler

Nephrotoma
eine Mücke
als König Duncan

Fiederborste, bestehend aus dem vierten bis sechsten Fühlerglied
erstes bis drittes Fühlerglied
So kann ein Fliegenfühler auch aussehen. An meinem langen dritten Fühlerglied befindet sich eine lange, dünne Borste, die gefiedert ist, also ein wenig wie eine Feder aussieht.

Phaonia trimaculata
eine Echte Fliege (S. 148–49)

Nephrotoma appendiculata
Bei mir geht der schwarze dreieckige Kopffleck bis nach vorne durch.

Nephrotoma quadrifaria
Bei mir nicht!
Unsere Larven entwickeln sich in der Bodenstreu und ernähren sich von den Resten abgestorbener Pflanzenteile. Das nennt man Detritus. Ich sitze gerne auf Blättern.

Tipula paludosa
Wiesenschnake
Wiesenschnake oder Kohlschnake? Wir sehen uns sehr ähnlich und sind beide in Gärten zu finden. Schau mir unter den Kopf, dann weißt du es!
Ich fliege oft später im Jahr als die Kohlschnake. Meistens im August, September.

Tipula oleracea
Kohlschnake
Schwingkölbchen

Tipula paludosa

Bei *Tipula oleracea* sind die Augen auf der Unterseite fast zusammengewachsen, bei *Tipula paludosa* nicht!

Tipula oleracea

Mücken (Schnaken)

REKORD! Die größten Zweiflügler!

Die Schnaken sind die größten Zweiflügler. Du kennst sie sicher, wie sie mit ihren langen Beinen und Flügeln über den Rasen stolpern, wenn man sie aufschreckt. Sie sehen zwar bedrohlich aus, können aber nicht stechen.

Ich lege meine Eier in den Boden. Darin fressen meine Kinder gerne Pflanzenwurzeln, weshalb sie bei euch Menschen nicht sehr beliebt sind.
Palpen

Tipula aus der Untergattung *Lunatipula*

Nigrotipula nigra

Wo es feuchter ist, lebe ich gerne. Schilfgürtel und Sumpf sind genau mein Ding! Übrigens habe ich für Schnaken sehr lange Fühler.

Dictenidia bimaculata

Meine Kinder entwickeln sich an Baumstümpfen.

Mücken (Faltenmücken,

Bei den Faltenmücken sind die Flügel beim Herumsitzen etwas längs gefaltet. Ansonsten sehen sie fast aus wie Schnaken. Ein Tümpel in der Nähe wäre nicht schlecht, denn dort legen sie ihre Eier im Wasser ab, wo ihre Larven von Kieselalgen leben. Mal ganz was anderes!

Nun, meine Kinder haben im Wasser hinten am Po eine Art Atemrohr, das sie wie einen Strohhalm an die Wasseroberfläche halten. Damit wird Luft geholt, denn die Kleinen leben in der sauerstoffärmsten und fürchterlichsten Dreckbrühe. Tja, so ein Rohr hat nicht jeder!

Ptychoptera contaminata

Mir als Wintermücke macht Kälte nichts aus! Ich habe nämlich Frostschutzmittel im Blut. Die meisten anderen Mücken sind Weicheier gegen mich! Ha!

eine Wintermücke

Krieg dich mal wieder ein da oben! Meine Kinder machen das nämlich genauso!

Ptychoptera albimana

Wintermücken, Stelzmücken)

Wir sechs Stelzmücken auf dieser Seite sehen aus wie kleine Schnaken. Nur am Flügel ist eine Ader anders.

Limnophila

Niemand von uns trinkt Blut. Also keine Angst!

Symplecta stictica

Dicranomyia

Meine Gattung Dicranomyia schwärmt gerne an warmen Wintertagen, wenn sonst kaum ein Insekt fliegt. Aber wir sind keine Wintermücken. So eine siehst du ganz links.

Von uns Stelzmücken gibt es in Deutschland 290 Arten.
Unsere Kinder leben oft in der Laubstreu oder unter der Rinde. Einige sind sogar echte Wasserratten und leben in Algenteichen.

Stelzmücke Art 2

Stelzmücke Art 1

Limonia

Man weiß noch nicht viel über uns. Willst du uns erforschen?

Mücken

Die Haarmücken haben recht kurze Fühler. Es sind tatsächlich Mücken und keine Fliegen, auch wenn sie fast so aussehen. Oft schwirren sie dir schon im März massenhaft um die Nase.

Dauert es noch lange?
Hmmmpf!

Dilophus febrilis
Dunkelflügelige Haarmücke
Paarung

Ich habe starke Dörnchen an den Vorderbeinen.

Dilophus febrilis
Dunkelflügelige Haarmücke
Weibchen

Bei uns Haarmücken haben die Männchen riesengroße Augen, die Weibchen aber nur ganz kleine. Schau mal oben links auf dem Bild! Ich fange meine Frau nämlich im Flug. Und dafür muss ich gut sehen können. Soll ja die Richtige fürs Leben sein. Oder zumindest für ein Stündchen. Ich bin im Frühling unterwegs und wichtig für die Bestäubung der Obstbäume!

Männchen

(Haarmücken, Fenstermücken)

Einige Arten der Fenstermücken sieht man im Frühjahr abends am Fenster sitzen, weil sie vom Licht angelockt werden. Sie haben der ganzen Familie ihren Namen gegeben. Die Flügel der Fenstermücken sind oft schön gefleckt.

Unsere süßen Kleinen leben in faulenden Kartoffeln oder im Baumsaft. Wir Erwachsenen sitzen gerne auf Pflanzen oder kommen zum Licht.

Sylvicola fenestralis oder *cinctus* Weibchen

Aber Mauern sind auch nicht schlecht!
Sylvicola fuscatus hat hier nur einen Fleck am Rand, *S. punctatus* hat auch noch einen weiter innen.

Sylvicola fuscatus Männchen

Meine Kinder lieben alles, was gammelig ist und schlecht riecht. Ich selbst mag eher Nektar und Pollen vom Rainfarn. Ich bin also mehr eine Naschkatze.
2 Flecken

Sylvicola punctatus Weibchen

Mücken (Trauermücken,

Ehrlich gesagt kann man Trauermücken nicht anhand von Fotos bestimmen. Weltweit sind etwa 1700 Arten beschrieben, 600 davon in Europa. Aber manche Forscher sagen, dass gut 20 000 Arten überhaupt noch nicht entdeckt sind! So wenig erforscht ist diese Gruppe.

Wir sind so cool, dass es manche von uns sogar auf Inseln in der Antarktis gibt!
eine Trauermücke

Einige Arten haben dunkle Flügel. Das sieht so traurig aus, dass man uns deshalb Trauermücken nennt. Aber die meisten hier im Garten hatten helle Flügel.
Die Augen sind bei den Trauermücken hier zusammengewachsen.

eine weitere Trauermücke

Viele von uns leben gerne versteckt an feuchten Orten. Sogar in Blumentöpfen!
noch eine Trauermücke

schon wieder eine Trauermücke

Langhornmücken)

ups, noch eine Trauermücke

Einige von uns lieben Gewächshäuser, in denen sie nicht so gern gesehen sind, weil sie als Larven Pflanzenteile und Wurzeln mögen. Aber viel mehr von uns fressen als Larven Laub, Totholz und Pilze. Deshalb sind wir im Wald und anderswo sehr, sehr wichtig! Auch weil Mikroben unsere Kacke fressen! Dafür fressen viele andere Tiere uns! Das ist nicht so lustig!

Bei den Trauermücken
teilt sich diese Mittel-
ader glockenförmig.

noch eine Trauermücke vielleicht *Bradysia*

Von unseren Kindern wandern manchmal Hunderttausende in einem großen Zug, der bis zu 14 Meter lang werden kann. Deshalb nannte man unsere Larven früher auch Heerwurm oder Schlangenwurm. Oft dachte man, das sei ein böses Omen, dass etwas Schlimmes passieren würde. Ihr Menschen seid wirklich abergläubisch!

Die Langhornmücken leben an feuchteren Stellen, zum Beispiel an faulendem Holz, wo auch ihre Wirtspilze vorkommen. Von deren Sporen leben ihre Kinder. Oft sind die Larven aber auch räuberisch und können Netze spinnen, mit denen sie Tierchen fangen.

Ich mag feuchte schattige Plätze.

eventuell *Orefelia nemoralis*

Ich fühle mich wie ein Tiger mit meinen schönen Streifen! Na ja, vielleicht bin ich nicht ganz so gefährlich. Aber meine Kinder sind tatsächlich Räuber und fressen Insekten, Milben und andere Kleintiere.

Lestodiplosis

Wir Gallmücken sind megawinzig! Mein Nachwuchs frisst kleine Pilze und macht keine Gallen. Einige andere hier aber schon!

Lestremia

Wir Gallmücken leben die meiste Zeit als Larven. Als erwachsene Tiere leben wir nur kurz und fressen nicht mehr viel. Nach dem Kuscheln und der Eiablage haben wir unsere Arbeit getan. Aber es muss doch noch mehr geben im Leben …

eine philosophische Cecidomyiinae

Weltweit sind mehr als 6500 Arten von uns bekannt. Aber die meisten habt ihr Menschen sicher noch nicht entdeckt. Ich gehöre zur Unterfamilie Cecidomyiinae.

eine Cecidomyiinae
Cecidomyiini

Mücken (Gallmücken)

Richtig gemütlich hier drinnen! Hoffentlich kommt keine Gallwespe und legt hier ihr Ei ab. Dann bin ich geliefert!
Galle der Buchengallmücke

Die Larven vieler Gallmücken bilden an den Pflanzen, in denen sie leben, oft seltsame Gebilde, sogenannte Gallen. Daher der Name. Andere Larven ernähren sich von Bodenpilzen. Als erwachsene Tiere sind Gallmücken sehr schwer zu bestimmen.

Die Gallen der Arten sehen oft viel unterschiedlicher aus als die dazugehörigen erwachsenen Mücken. An ihnen kann man die gallbildenden Arten gut unterscheiden. Die meisten Gallmückenkinder können Gallen nur an ihrer Lieblingspflanze bilden und brauchen darum genau diese.

Meine Kinder leben nicht in Gallen, sondern im Boden oder in den Gängen der Pflanzen und fressen kleine Pilze. Andere Larven leben frei auf den Pflanzen. Sie können sogar springen, indem sie sich wie eine Feder ringförmig zusammenrollen. ZOING!
Micromyinae
vielleicht *Micromya*
Weibchen

Man erkennt uns Gallmücken an den locker gegliederten Fühlern. Oft haben die Glieder einen schönen Haarkranz. Sehe ich damit nicht toll aus?
Micromyinae
Männchen

Mücken (Schmetterlingsmücken)

Schmetterlingsmücken sehen fast wie kleine Schmetterlinge aus. Das liegt an den lang behaarten Flügeln, die wie bei manchen Motten dachartig nach oben geklappt sind.

In den Tropen sind die Blut trinkenden Sandmücken gefürchtet. Bei uns trinken die erwachsenen Tiere lieber Nektar und Pflanzensäfte. Viele Larven mögen alles, was eklig ist.

Man nennt uns auch Klofliegen, weil einige von uns gerne auf Toiletten sitzen. Na ja, das tust du doch auch, oder?

Schmetterlingsmücke Art 1
wohl *Psychoda*

Ich sitze gerne im Gebüsch und mag verrottete Sachen.

Schmetterlingsmücke Art 2
eine *Clytocerus*

Mein Motto ist: "Klo macht froh"! Meine Larven lieben faulige Flüssigkeiten.

Schmetterlingsmücke Art 3
wohl *Psychoda*

Auch bei uns gibt es seltene Arten. Fast 40 Prozent der rund 150 deutschen Schmetterlingsmückenarten könnten bedroht sein.
Ich bin die größte Schmetterlingsmücke Deutschlands, aber erst seit ein paar Jahren hier. Eigentlich komme ich aus den Tropen und Subtropen. Ich folge den Menschen, weil sie so tolle Klos haben. Ich liebe Klos, habe ich das schon gesagt?

Schmetterlingsmücke Art 4
wohl *Pericoma*

Schmetterlingsmücke Art 5
Clogmia albipunctata

Auch Schneckenschleim kann lecker sein!

Schmetterlingsmücke Art 1
wohl *Psychoda*
auf Nacktschnecke

Die Weibchen der Gnitzen oder Bartmücken sind meist fiese Blutsauger. In Schwärmen fallen sie über ihre Opfer her. Dabei sind sie so klein, dass man sie kaum fangen kann. Manche trinken sogar Insektenblut! Zum Glück bevorzugen zumindest die Männchen Pflanzensäfte.

Blut-sauger!

Zu meiner Gattung gehört auch die in Schottland gefürchtete Highland Midge! Sie hat schon so manchen Camper mit Hunderten von Bissen zur Verzweiflung gebracht! Lecker!

Culicoides

Einige Arten aus meiner Gattung saugen sogar Insektenblut!

Forcipomyia

Dasyhelea flavifrons
Weibchen

Wir zwei hier sind übrigens ganz untypisch für Gnitzen. Wir trinken nämlich kein Blut, sondern Nektar! Unsere gemeinsamen Kinder leben im Wasser.

Dasyhelea flavifrons
Männchen

Mücken (Gnitzen, Dungmücken)

Dungmücken sind völlig unbehaart und stechen nicht. Ihre Larven leben gerne im Mist, in Pilzen, Laub, Süß- und Sauergräsern. Die erwachsenen Tiere habe ich zum Teil auf Blumen sowie auf dem Kompost und an der Hauswand gesehen.

Swammerdamella

Wir Dungmücken haben kurze dicke Stummelfühler. Und unsere Augen sind oft oben in der Mitte zusammengewachsen. Ich persönlich mag den Kompost.

Scatopse notata

Ich bin auch ein Kompost-freund. Und Fühlerpflege muss sein. Ihr kämmt euch doch auch die Haare, oder?

Swammerdamella
Paarung

Bei der Paarung schauen wir in verschiedene Richtungen. Na ja, mein Mann ist auch nicht der Schönste.
Hey, das habe ich gehört! Außerdem dachte ich, wir spielen hier nur Tauziehen.

Mücken (Stechmücken)

Stechmücken kennt natürlich jeder. Aber wusstest du, dass es viele unterschiedliche Arten gibt? Da ist nicht nur die Gemeine Stechmücke. Nein, in Haus und Garten treiben sich bei mir ganz verschiedene Plagegeister herum. Sogar eine Malariamücke!

Ei-Schiffchen und Larven in fauligem Wasser

Culex pipiens
Gemeine Stechmücke
Weibchen

Tja, ich bin wohl die bekannteste Stechmücke! Gerne komme ich nachts herein, um dich zu piesacken. Ich kann deinen Schweiß riechen, deshalb hast du auch im Dunkeln keine Chance. Meine Spucke juckt. Das nervt dich tagelang. Gegen mich hilft so richtig eigentlich nur ein Moskitonetz über dem Bett. Ich überwintere gerne im Haus, steche dann aber kaum.

Noch vor 150 Jahren habe ich in Norddeutschland das gefürchtete Marschenfieber verbreitet, an dem viele Menschen starben. Bei einer Epidemie im Jahr 1826 hatte jedes zweite Kind in Ostfriesland Malaria! Heute sind viele Marschen trockengelegt und ich finde weniger Brutplätze. Und in eure modernen Häuser komme ich schlechter rein als in die alten Häuser von früher.

Anopheles atroparvus
Malariamücke
Männchen

Blut-sauger!

Uns Stechmücken-Männchen kannst du oft schon an den schön gefiederten Fühlern erkennen. Wir Männchen stechen auch nicht, sondern saugen lieber Pflanzensäfte.

Wir Stechmücken-Weibchen sind da nicht so zimperlich. Immer her mit deinem Blut! Wir Ringelmücken sind übrigens auch gerne tag-aktiv, während die echt Gemeine Stechmücke da drüben dich nachts überfällt.

Ich lebe in Gärten, auf Wiesen und an Waldrändern. Von Mai bis zum Herbst mache ich Stress, du Opfer!

Bei vielen von uns Zuckmücken-Männchen sind die Fühler superschön buschig gefiedert und können die Schwingungen der Luft hören. So können wir über den Summton unsere jeweiligen Artgenossen finden.
Wir Weibchen haben bei den Zuckmücken meistens relativ kurze und nicht so buschige Fühler wie die Männchen.
In der Gattung Chironomus gibt es viele Arten, die schwer zu bestimmen sind.

Chironomus
Männchen

Chironomus
Weibchen

Chironomus
Untergattung *Lobochironomus*
Männchen

Mücken (Zuckmücken)

Die Zuckmücken sind harmlos und trinken lieber Nektar und Honigtau, aber kein Blut. Und das, obwohl die Larven mancher Arten rot sind, weil sie wie wir den Blutfarbstoff Hämoglobin besitzen. Zuckmücken heißen so, weil die Männchen vieler Arten im Sitzen mit den Vorderbeinen in der Luft herumzucken. Na ja, besser als herumzicken, oder?

Im Sommer schwärmen wir Männchen in großer Zahl herum, vielleicht auch über deinem Kopf. Oder als Wolke über Baumwipfeln oder Kirchtürmen. Das haben sogar schon Leute für eine Rauchwolke gehalten und die Feuerwehr gerufen! Wie dusselig! Und wenn ein Weibchen auftaucht, ich sag' dir, dann ist was los!

Chironomus
Männchen

Chironomus
Männchen

Mücken (Zuckmücken)

Im Sommer kannst du bei warmem, windstillem Wetter oft Schwärme von Zuckmücken beobachten. Es sieht aus, als würden die Mücken tanzen.

Meine Kinder leben als Räuber von kleinen Wassertierchen. Ich selbst steh' voll auf Nektar und Honigtau.

Psectrotanypus varius
Weibchen

Ich mag die Nähe von kälteren Gewässern.

Macropelopia nebulosa
Weibchen

Meine Kinder vertragen auch ziemlich dreckige Gewässer. Aber dein Kinderzimmer ist sicher auch nicht immer sauber.

Procladius
Weibchen

Cricotopus sylvestris oder *ornatus*
Männchen

Cladopelma
Weibchen

Bin ich nicht wunderschön büschelig?

Orthocladiinae
Männchen

Beim Tanz in der Luft paaren sich die Tiere, der schönste Augenblick in ihrem kurzen Leben.

Für meine Kinder darf das Wasser gerne etwas sauberer sein.

Tanytarsini
Weibchen

In Deutschland gibt es etwa 40 Arten aus meiner Gattung Cricotopus. Je nach Art bevorzugen unsere Kinder ganz unterschiedliche Gewässer.

Cricotopus wohl *sylvestris*
Männchen

Grün steht mir echt gut, oder?

Dicrotendipes
Weibchen

REKORD! Größte Fliege Deutschlands!
Ich mag dein Blut sehr gerne und brauche es, um Kinder zu bekommen. Am liebsten steche ich in die Arme. An den heißesten Sommertagen falle ich Menschen besonders gerne an.
Ich bin ein richtig riesiger fetter Brummer und die größte Fliege in Deutschland! Aber zum Glück für dich sind unsere Weibchen nicht so scharf auf Menschenblut. Und ich als Bremsen-Mann mit den in der Mitte zusammenstoßenden Augen trinke sowieso kein Blut.

Stechrüssel: Der sägt in die Haut.
Ich mag dich wirklich gerne und steche dafür am liebsten in Kopf und Nacken. Obwohl wir Bremsen genau genommen gar nicht stechen, sondern beißen!

Chrysops relictus
Goldaugenbremse

Tabanus sudeticus
Pferdebremse, Männchen

Blut-
sauger!

Fliegen (Bremsen)

Jetzt kommen die Fliegen mit ihren oft seltsamen Fühlern. Aber noch seltsamer sind die Augen der Fliegenfamilie der Bremsen! An deren buntem Muster kann man oft sogar Arten unterscheiden.

Alle Bremsen sind Blutsauger und sie machen den Sommer im Garten manchmal unerträglich. Aber nicht alle saugen menschliches Blut.

Haematopota pluvialis
Regenbremse

Mein Kennzeichen: ein irrer Blick!

Haematopota pluvialis
Regenbremse

Fliegen (Waffenfliegen, Raubfliegen, Tanzfliegen)

Die Waffenfliegen sind oft sehr schön bunt gefärbte oder metallisch glänzende Fliegen mit seltsam gekringelten Fühlern. Bei uns im Garten waren diese drei Arten zu finden.

Wir Waffenfliegen fressen gerne Pollen und Nektar. Unsere Larven leben oft im Wasser. Bei meiner Art ist das aber nicht so, denn meine Kinder entwickeln sich im Boden.

Chloromyia formosa
Männchen

Wir drei gehören zu den häufigeren der etwa 65 Arten von Waffenfliegen in Deutschland.

Beris vallata
Männchen

Microchrysa polita
Weibchen

Iiiihhh! Zungenkuss!
Wir Raubfliegen sind wilde Gesellen und fangen andere Insekten im Flug, ähnlich wie Libellen. Unsere Kinder leben im Boden und unter Rinde und fressen Insektenkinder. Deshalb wollen die anderen Kinder mit meinen auch nicht so gerne in eine Klasse gehen. Da haben wir immer wieder Ärger beim Elternabend.

Dioctria hyalipennis
Gemeine Habichtsfliege

Die Tanzfliegen leben meist räuberisch. Die Männchen machen den Weibchen oft Brautgeschenke zur Paarung. Dann macht das Weibchen gleich viel lieber mit.

Über 400 Arten von uns Tanzfliegen gibt es in Deutschland! Wir haben vorne einen Saugrüssel.

Empis
Männchen

Mit Wanze kriege ich sie alle rum. Da hat noch keine Nein gesagt!
Köstlich! Und dazu noch einen Rotwein bei Kerzenschein!

Empis livida
Helle Tanzfliege
Paarung

Empis opaca

Wir hier sind recht häufige Tanzfliegen. Im Sommer siehst du uns oft in der Hecke sitzen. Unsere Kinder leben als kleine Räuber im Boden oder in der Streu.
Wenn's ihr schmeckt, darf ich ran!
Schmatz!

Empis chioptera

Von meiner Gattung Hilara gibt es ganz viele Arten. Na, wie heiße ich? Das bekommt nur ein echter Profi heraus! Wir leben als Räuber und brauchen Gewässer in der Nähe.

Hilara

Mein lateinischer Nachname "nubila" bedeutet auf Deutsch "bewölkt". Na, da ziehen wohl dunkle Wolken an meinen Vorderbeinen auf, oder wie seid ihr Menschen auf diesen Namen gekommen?
Gute Sicht nach oben: Da kann man schnell fliehen, wenn ein Vogel naht.
Verdunkelte Vorderbeine; bei *Tachypeza* sind die dazu noch verdickt.
Bei einigen von uns Buckeltanzfliegen ist der Rücken hinter dem Kopf wie ein Buckel aufgewölbt. Deshalb heißen wir so. Na ja, bei mir sieht man das nicht so sehr. Ich muss wohl öfter in der Buckibude trainieren.

Tachypeza nubila

Fliegen (Buckeltanzfliegen)

Die Buckeltanzfliegen gehörten früher zu den Tanzfliegen und haben vorne ebenfalls so einen Rüssel. Irgendeine Kleinigkeit war aber wohl anders, so dass sie heute eine eigene Fliegen-familie bilden.

Die Tiere haben oft vergrößerte Vorder- oder Mittelbeine, mit denen sie beim Laufen andere Insekten ergreifen. Die werden dann schön mit dem Rüssel ausgesaugt.

Tachypeza nubila

Wie so viele andere von uns sitze auch ich gerne auf Blättern und jage Insekten. Von uns Buckeltanzfliegen findet man in Gärten oft einige verschiedene Arten. Mich erkennst du an dem schönen Flügelmuster. Schick, nicht?

Tachydromia, eventuell *arrogans*

Fliegen (Buckeltanzfliegen)

Unter den Gattungen der Buckeltanzfliegen ist *Platypalpus* eine der größten. Es gibt sehr viele Arten, nämlich gut 240 in Europa. Hier eine kleine Auswahl aus unserem Garten auf Nordstrand.

Hier geht's rund!

Platypalpus

Ich bin eine der häufigsten aus meiner Gattung. Bin gerne auch mal auf Getreide-feldern.

Platypalpus, eventuell *articulatus*

Wir alle hier sind nützlich für euch Menschen. Denn wir mampfen gerne Insekten und dabei auch einige Schädlinge.

Platypalpus

Bei uns vom Team Platypalpus sind die Mittelbeine verdickt und mit Dornen besetzt. Damit halten wir die Beute fest.

Platypalpus, eventuell *minutus*

Und unsere Kinder leben meistens in der Bodenstreu.
bei *Platypalpus*: verdickte Mittelbeine

Platypalpus

In der Strauchschicht fühlen wir Adulten uns besonders wohl.

Platypalpus, eventuell *cursitans*

Bein- und Fühlerfarbe können bei der Unterscheidung der Arten helfen.
Wir mögen auch gerne Gallmücken. Die uns dafür eher weniger.

Platypalpus, eventuell *maculipes*

Die Langbeinfliegen sind oft wunderschön grün und metallisch glänzend. Ich habe viele davon in unserem Garten gesehen. Sie haben lange Beine, mit denen man sie oft auf Blättern oder am Wasser sitzen und laufen sieht.

Bei mir sieht der Balztanz wegen meiner weißen Flügelenden besonders cool aus. Darauf fliegen unsere Weibchen! Auf der nächsten Doppelseite kannst du dir übrigens meine weißen Flügelspitzen mal in Ruhe ansehen. Dieses Muster hat nur meine Art.

Poecilobothrus nobilitatus
Grüne Langbeinfliege
Männchen beim Balztanz

Viele Langbeinfliegen zeigen einen schönen Balztanz, bei dem das Männchen zeitweise aufgeregt mit den Flügeln vibriert und sich dabei in einem bestimmten Muster hin und her bewegt. Dies scheint die Weibchen mächtig zu beeindrucken.

Fliegen (Langbeinfliegen)

Langbeinfliegen sind meist Jäger, einige können aber auch Honigtau oder Nektar schlürfen. Die Larven ähneln denen der Tanzfliegen. Es scheint eine gewisse Verwandtschaft zu bestehen. In Europa sind über 800 Arten bekannt, weltweit sogar über 5000.

Jetzt darf ich aber, oder?

Hier erzählen wir dir die Geschichte unseres Namens "Argyra". Sie ist aber ein bisschen traurig.

eine *Argyra*

Argyra war eine Nymphe (ein weibliches mythisches Wesen), die in einem Brunnen lebte. In der antiken griechischen Region Achaia gab es eine Stadt namens Argyra, in der sich eine Quelle befand. Der Legende nach war die Nymphe Argyra sehr in einen Hirten namens Selemnus verliebt, den sie oft besuchte. Als er jedoch älter wurde und seine jugendliche Schönheit verlor, verließ sie ihn. Als der Hirte vor Kummer starb, verwandelte ihn die Göttin Aphrodite aus Mitleid in einen Fluss. In Achaia war der Glaube weit verbreitet, dass ein verlassener Liebhaber, der in diesem Fluss badet, seinen Schmerz vergisst. So schrieb es der alte Grieche Pausanias, der vor rund 2000 Jahren lebte. Und weil die Langbeinfliege am Wasser eine ebenso geisterhaft schöne Erscheinung ist wie die Nymphe Argyra, erhielt sie ihren Namen.

eine *Argyra*

Fliegen (Langbeinfliegen)

Männchen
Ich bin total verliebt in ihren Legeapparat!
weißer Fleck

Er hat so einen tollen weißen Flügelfleck!
Weibchen
MAGIE

Poecilobothrus nobilitatus
Grüne Langbeinfliege

witziger Borstenkranz am Mittelbein beim Männchen dieser Art

Dolichopus plumipes
Männchen

Es geht doch nichts über einen schönen Tümpel in der Nähe!

Dolichopus
Weibchen

Dolichopus
Weibchen
Allein von meiner Gattung Dolichopus sind weltweit 600 Arten bekannt!
Dolichopus longicornis
Männchen
lange gelb-schwarze Fühler bei dieser Art
Syntormon, wohl *denticulatum*
Männchen
Der Typ hat irgendwie was! Da unten.
Was starrt sie mich so an?
Dolichopus
Weibchen
Dolichopus
Männchen
Eine Art MAGIE
zwei Langbeinfliegen

Medetera, wohl *jacula*

Uns drei auf dieser Seite siehst du oft an senkrechten Hauswänden sitzen. Wir mögen es, wenn da die Sonne schön warm draufscheint. Wenn du uns störst, fliegen wir ein minikleines Stückchen weiter.

Medetera, wohl *jacula*

Die Kinder unserer Gattung Medetera fressen gerne holzbewohnende Insekten, zum Beispiel die Larven von Borkenkäfern. Wir sind also nützlich für euch Menschen.

Medetera, wohl *muralis*

Ich mag kleine Insekten, aber auch Honigtau und Nektar.

Tja, ich bin wohl eine der langbeinigsten Langbeinfliegen. Gerne mampfe ich Kleininsekten, so wie die anderen hier auch.
Ich kann auf dem Wasser laufen wie Jesus. Vielleicht sogar besser ...

Fliegen (Langbeinfliegen)

Sprunggabel
(hat nix genützt)
Aua!

Chrysotus, wohl *gramineus* frisst Springschwanz *Deuterosminthurus pallipes*

Wir Chrysotus halten unsere Flügel weiter auseinander, eher so wie Stubenfliegen.

Sciapus, eventuell *spiniger*

Campsicnemus

lange schwarze Fühler
Mich kannst du gut an meinen seltsam geformten schwarzen Fühlern erkennen.

Syntormon, wohl *pallipes* Männchen

Fliegen (Lanzenfliegen, Sohlenfliegen, Buckelfliegen)

Die grazilen Lanzenfliegen haben ihren Namen von den hinten etwas spitz zulaufenden Flügeln. Nur neun Arten gibt es in Deutschland, davon gleich zwei in unserem Garten.

Du kannst uns öfters auf der Unterseite von Blättern an Gewässerrändern finden. Da sind wir flinke Läufer.

Lonchoptera lutea
Weibchen

Unsere Kinder sind flach und sehen ein bisschen aus wie Asseln. Sie wachsen am Boden zwischen altem Laub auf und fressen Pilzfäden, Algen, Pollen und Humus. Die spielen nicht mit Puppen, sondern werden zu Puppen, die sich im Boden zu tollen Fliegen entwickeln.

Lonchoptera bifurcata
Weibchen

Warum wir Sohlenfliegen auch Plattfüßer genannt werden, kannst du gut an meinen Hinterfüßen sehen.

Lindneromyia denticulata
Männchen

Die buckeligen Sohlenfliegen tummeln sich gerne zu ganz vielen auf Blättern. Ihre Larven leben in Pilzen, zum Beispiel solchen im Totholz von Laubbäumen.

Tja, unsere Kinder sehen ziemlich asselig aus.

Lindneromyia dorsalis

Die Buckelfliegen haben meist einen buckeligen Rücken, wobei mir die Sohlenfliegen aber fast noch buckeliger vorkommen. Ihre Lebensweise ist sehr vielfältig.

Ruhe da vorne!
Ein buckeliger Rücken kann auch entzücken!

Buckelfliege *Megaselia* bei der Paarung

Jetzt wird's gruselig! Ja, wir Buckelfliegen sind dafür bekannt, dass mit unserer Hilfe Mordfälle aufgeklärt werden können. Die Polizei schaut bei den Toten nach den Larven von uns Fliegen. Und weil verschiedene Fliegen die toten Körper zu verschiedenen Zeiten besiedeln, weiß man gleich die Tatzeit.

Anevrina thoracica

Ich bin wahrscheinlich die häufigste Schwebfliege in eurem Garten. Sogar im Spätwinter tauche ich manchmal schon auf, daher mein Name. Übrigens wandere ich wie viele Vögel im Herbst nach Süden und komme im Frühjahr wieder zurück. Dabei überfliege ich sogar die Nordsee. Leider werden wir schönen Schwebfliegen durch die Gifte in der Landwirtschaft immer weniger.
Wir Schwebfliegen haben mit die besten Augen unter den Insekten. Unser Facettenauge besteht aus bis zu 6000 zusammengesetzten Einzelaugen. Die meisten Fliegen haben weniger. Nur die Libellen sehen mit ihren bis zu 30 000 Einzelaugen pro Auge noch besser als wir. Was für Angeber! Wir Fliegen und die Libellen sehen alles fünfmal schneller als ihr Menschen. Darum sind wir auch kaum zu erwischen.

Episyrphus balteatus
Gemeine Winterschwebfliege

Fliegen (Schwebfliegen)

Ich glaube, die Schwebfliegen sind die Fliegen, die du am häufigsten im Garten sehen wirst. Vielleicht hast du sie auch manchmal für eine Biene oder Wespe gehalten wegen ihres gefährlich aussehenden Musters?

Falsch gedacht! Das haben Schwebfliegen nämlich genau deshalb: damit sie von Vögeln für gefährlicher gehalten werden, als sie eigentlich sind. Ganz schlaue Forscherinnen nennen diese Täuschung Mimikry.

Na, habe ich dich mit meinem Muster erschreckt? Nicht? Och, schaaaade! Dabei habe ich nicht nur hinten ein Wespenmuster, sondern oben auch noch so eine Halloween-Fratze! Übrigens heißen wir Schwebfliegen so, weil wir im Flug auf der Stelle schweben können. Manche nennen uns deshalb auch Helikopterfliegen.
REKORD! Meister im Vögel-Reinlegen!

Episyrphus balteatus
Gemeine Winterschwebfliege

Myathropa florea
Totenkopfschwebfliege

Fliegen (Schwebfliegen)

Hier sind einige Schwebfliegen, die Mimikry machen, also gefährliche Insekten nachahmen.

Meine Kinder sehen aus wie schleimige Egel. Sie verputzen fleißig Blattläuse. Ich bin eine Wanderart, die weit fliegen kann.
Flecken mehr haken-förmig und orangegelb

Scaeva pyrastri
Späte Großstirnschwebfliege

Meine Kinder knuspern Blattläuse.
Flecken weniger haken-förmig und grüngelb

Eupeodes luniger
Mondfleck-Feldschwebfliege

Ich bin sehr häufig im Garten. Meine süßen Kleinen schaffen 150 Blattläuse pro Tag!
Flecken zusammen-gewachsen

Syrphus ribesii
Große Schwebfliege

Helophilus pendulus
Gemeine Sumpfschwebfliege

Helophilus trivittatus
Große Sumpfschwebfliege

Wir Sumpfschwebfliegen leben gar nicht unbedingt in Sümpfen, eher auf Blumenwiesen. Aber unsere Kinder leben als Rattenschwanzlarven in Tümpeln, wo sie Reste fressen.

Helophilus hybridus
Helle Sumpfschwebfliege

Ich bin hinten etwas anders gefärbt als mein Weibchen links.

Spaerophoria scripta oder *taeniata*
Stiftschwebfliege
Männchen

Ich wandere wie die Winterschwebfliege und mag Pollen und Nektar. Aber meine Kinder fressen Blattläuse.

Spaerophoria scripta oder *taeniata*
Stiftschwebfliege
Weibchen

Bei meiner Art werben die Männchen um die Weibchen durch einen schönen Balzflug. Das finden die richtig romantisch!

Eristalis interrupta
Mittlere Keilfleckschwebfliege

Sehe ich nicht richtig hummelig aus? Ich geb' mir da auch wirklich Mühe!

Eristalis intricaria
Hummel-Keilfleckschwebfliege

Ich mache mein eigenes Ding und ich bin die Einzige hier, die keine Keilfleckschwebfliege ist. Muss doch nicht jeder aussehen wie eine Biene oder Hummel. Ach ja, sind dir schon meine lustig gepunkteten Augen aufgefallen? Die sind nämlich der neueste Hot Shit!

Eristalinus aeneus
Glänzende Faulschlammschwebfliege

Fliegen (Schwebfliegen)

Wir sitzen gerne auf Blüten und helfen bei der Bestäubung. Ohne uns hätten es viele Pflanzen schwer.
Fühlerborste ohne Härchen

Eristalis abusiva

Die Keilfleckschwebfliegen ahmen Bienen und Hummeln nach. Das können sie richtig gut. Beim Flug fällt kaum auf, dass sie nur zwei Flügel haben, während Bienen und Hummeln mit vier Flügeln herumsummen.

Ich hab' die "Biene" sogar in meinem deutschen Namen "Mistbiene".

Eristalis tenax
Mistbiene

Profiwissen:
Diese Flecken können auch genau wie bei *Eristalis abusiva* aussehen. Bei *arbustorum* hat die Fühlerborste aber kleine Härchen, bei *abusiva* nicht.
Fühlerborste mit Härchen
Die Kinder von den meisten hier lieben stinkige Gewässer, meine sogar Jauche. Die sind als Rattenschwanzlarven echte Schmuddelkinder.

Eristalis arbustorum
Kleine Keilfleckschwebfliege

Fliegen (Schwebfliegen)

Nun kommen ein paar Schwebfliegen, die teilweise metallisch gefärbt sind. Der Sinn des metallischen Glanzes ist noch nicht ganz geklärt. Er ist auch keine echte Farbe, sondern entsteht nur durch bestimmte Strukturen der Körperhülle aus Chitin.

Die Larven aus meiner artenreichen Gattung Eumerus fressen Gänge in Zwiebeln und Knollen verschiedener Pflanzen. In jedem Fall sind sie einge-fleischte Vegetarier. Ähh, wenn es sowas überhaupt gibt.

Eumerus
eine Zwiebel-schwebfliege

Meine Kinder fressen Blattläuse. Ich selbst liebe Pollen und Nek-tar, wie man sieht.

Meliscaeva auricollis
Goldhalsschwebfliege

Ich habe superdicke Oberschenkel. Da kann der Mbappé nicht mithalten! Gerne lebe ich in der Nähe von Schilf und Rohrkolben an Tümpeln, Teichen und Gräben. Meine Kinder mögen da den ganzen verrottenden Pflanzenkram.

Tropidia scita
Keulen-Grashalmschwebfliege

Ich liebe offeneres Gelände, wo es Blüten für mich gibt. Meine Kinder fressen Blattläuse, die kleinen Racker.

vielleicht *Paragus haemorrhous*

Ich gehöre zu einer großen Gattung mit ganz vielen Arten. Frag mich bitte nicht, wie ich ganz genau heiße. Da komme ich selber völlig durcheinander!

Melanostoma

Ich bin superhäufig und mache ebenfalls auf dicke Oberschenkel. Meine haben aber orange Stellen und kleine Dörnchen.

Syritta pipiens
Gemeine Keulenschwebfliege

Ein bisschen feuchter darf das Gelände für mich sein, denn meine Kinder spielen gerne im Matsch.

Orthonevra

Ich bin recht häufig auf Hecken und an Blüten und mag Nektar und Pollen, wie man hier sieht. Meine Kinder sind grün und mampfen fleißig Blattläuse. Danach werden sie zu einer grünen Puppe. Aus solch einer bin ich auch geschlüpft.

Melanostoma scalare
Matte Schwarzkopfschwebfliege

Die Scheufliegen haben einen kräftig bedornten Flügelrand. Dass sie jetzt besonders scheu wären, kann ich nicht behaupten.

Du findest mich in der Nähe von Sand, so wie hier auf den sandigen Steinen im Garten.
Trixoscelis

Tephrochlamys

Die Larven der Grasfliegen fressen Gänge in Gräser. Die erwachsenen Fliegen haben oft sehr schöne Fleckenmuster auf den Flügeln.

Ich mag gerne Pollen und Nektar. Hier sitze ich aber auf dem Sandkastenrand.
Opomyza, eventuell *germinationis*

Viele Bohrfliegen haben unglaublich schöne Flügelmuster. Manche sehen aus wie Spinnen auf der Lauer. Und wer traut sich da schon heran? Ihre Larven bohren sich oft in Pflanzen und Früchte. Das finden Obstbauern gar nicht gut.

Ich sitze gerne auf gelben Blüten. Am liebsten sind mir Korbblütler. Denn in ihren Blütenköpfchen fühlen sich meine Kinder wohl. Ich bin dagegen eher ein Fan von Pollen und Nektar. Leider lebe ich als Erwachsener nur ein paar Tage, während die Grasfliege ein halbes Jahr herumfliegen darf. Das ist ungerecht!

Dioxyna bidentis

Fliegen (Scheufliegen, Grasfliegen, Bohrfliegen, Stelzfliegen, Rhiniiden)

Falls du gerne auf Stelzen läufst: Probiere es mal auf sechs davon wie die Stelzfliegen! Ist sicher gar nicht so einfach. Manchmal sieht man die Männchen auf Blättern sitzen und auf eine Partnerin warten oder ihr sogar zuwinken. Manchmal klappt's. Und was man zuerst für nur eine Fliege hielt, entpuppt sich als zwei, die aufeinander sitzen.

Ich jage Insekten nach.
Neria cibaria

Ich will auch mal nach oben!

Männchen hält Weibchen fest

Die Rhiniiden könnte man auch Nasenfliegen nennen, wenn nicht eine andere Fliegengruppe den Namen schon hätte. Ihr Kopf ist nämlich vorne nasenartig vorgezogen. Früher gehörten sie mal zu den Schmeißfliegen. Ich habe sie sogar zuerst für Schwebfliegen gehalten.

Nase
gelb
Stomorhina lunata
Heuschreckenfliege
Männchen

Der Klimawandel treibt mich weiter nach Norden, denn eigentlich wohne ich eher im südlichen Mitteleuropa. Ach ja, magst du Eier zum Frühstück? Unsere Kinder auch: Heuschreckeneier. Das ist ihre Spezialität! Wir Oldies stehen aber mehr auf Blüten.

grau
Weibchen

Fliegen (Schmuckfliegen, Lonchaeiden, Schwingfliegen, Waldfliegen)

Die Schmuckfliegen sehen schön aus mit ihren manchmal hübsch gestreiften Augen. Die Tiere haben vielfältige Lebensweisen und sitzen auch mal an gammeligen Sachen bis hin zu Hundekot. Viele Arten haben tolle Flügelmuster … nur nicht die eine Art, die ich im Garten gefunden habe.

Du wirst nicht glauben, was ich mit dem Pseudoskorpion erlebt habe, der an meinem Hinterbein hängt! Das erzählt er dir später in seinem Kapitel auf Seite 199 selbst. Er war auf jeden Fall mein Retter!
anhänglicher Pseudoskorpion

Physiphora alceae trägt Pseudoskorpion *Lamprochernes nodosus*

Alle sagen, ich sauge an Hundekot und Ähnlichem. Hier und da mal auf einer Blüte sitzen und in Pollen baden ist aber auch nicht schlecht, wie man hier sieht! Und übrigens: Ich kann springen! Das hättest du bei einer Fliege nicht gedacht, oder?

Physiphora alceae

He, ich bin nicht dick! Nur untergroß!

Lonchaea

Bei den Lonchaeiden ist das dritte Fühlerglied verlängert. Die … na ja … recht kompakten Fliegen sind ziemlich klein und fressen faulende Sachen.

Es gibt kaum etwas Lustigeres, als einer Schwingfliege bei ihrem flügelschwingenden Lauftanz auf einem Blatt zuzusehen! Das wird nie langweilig!

Fleck
schmale Taille

Sepsis Art 2

Wir Schwingfliegen machen Mimikry, indem wir ein wenig wie Ameisen aussehen, die von anderen Tieren oft verschmäht werden.
Fleck
nicht so schmale Taille
dunkel

Sepsis Art 1

Meine Kinder leben in dem, was aus anderen hinten rauskommt, muss ich leider zugeben. Wir Erwachsenen mögen aber gerne Honigtau und Nektar.
kein Fleck
hell

eine *Nemopoda*

In England heißen sie Druidenfliegen, in Deutschland auch Waldfliegen. Wie die uralten keltischen Druiden leben die Waldfliegen oft einzeln in Wäldern bei alten Bäumen. Diese zwei hier mochten aber wohl auch unseren Garten.

Bei uns verteidigen die Männchen manchmal ihr Balzgebiet gegen andere Männchen. Hin und her ruckend starren wir uns dabei an und kämpfen sogar richtig.

Clusiodes Art 1

Und unsere Kinder leben in Totholz von Mikroben und Pilzen. Wir Erwachsenen mögen Pflanzensäfte, aber zugegebenermaßen auch Kot.

Clusiodes Art 2

Liriomyza strigata
Zichorienminierfliege
Weibchen
Meine Kinder mampfen die Blätter von vielen Pflanzen. Das nennt sich Polyphagie. Mir doch egal, wie schwer ihr das Wort findet! Und übrigens: Verwechsle mich bloß nicht mit einer Halmfliege von Seite 146. Da werde ich sauer! Der sehe ich leider ziemlich ähnlich.

eine Phytomyza
Die mir ähnliche Gattung Agromyza auf der rechten Seite kann auf sich selbst Geige spielen, indem der Hinterschenkel am Hinterleib reibt. An zwei Rückenplatten des Hinterleibs gibt es eine Raspel-Leiste, was einen coolen Sound erzeugt. Na ja, für uns! Für euch Menschen ist das viel zu leise. Man nennt das Stridulieren.

Fliegen (Minierfliegen)

vermutlich *Agromyza*

Von uns Minierfliegen sind weltweit über 3000 Arten bekannt, in Deutschland über 550 Arten. Und bestimmt 100 weitere Arten warten in Deutschland noch auf jemanden, der sie beschreibt! Hey! Das könntest du sein! Wirklich! Werde Forscher oder Forscherin!

Die Minierfliegen sind ziemlich winzig und unscheinbar. Selten sieht man sie selbst, viel häufiger ihre Gänge in den Blättern. Diese teils sehr interessanten Labyrinthe werden von den Larven in die Blätter gefressen.

Bei den Zweiflüglern nennt man die Larven übrigens Maden.

Kacke
Wo ist denn bloß der Ausgang?

Minierfliegenmade in Blatt vom Gemeinen Greiskraut

Aaaaargh! Hier war ich schon mal.

ein verrücktes Labyrinth

Fliegen (Faulfliegen)

Faulfliegen werden auch Polierfliegen genannt. Nicht etwa, weil sie Besteck polieren oder faul in der Hängematte liegen. Nein, ihre Larven leben gerne in faulenden Pflanzenteilen und sind da bestimmt fleißig. Ich sah die schönen Fliegen oft am Gartenrand auf Blättern von Pflanzen in der Nähe des Tümpels sitzen.

Minettia fasciata

Du findest mich öfters in Hecken oder feuchten Wäldern, wo ich auf Blättern sitze. Meine Kinder lieben das gammelige Laub am Boden. Rumgammeln finden ja alle Pubertiere super!

Minettia longipennis

Habe ich nicht ein tolles Augenmuster?

Calliopum aeneum

Von uns Faulfliegen sind weltweit fast 1900 Arten bekannt. Krass viele!
Wir Faulfliegen sind gar nicht so tolle Flieger. Vielleicht sind wir also doch ein bisschen flugfaul. Bei Gefahr laufen wir lieber auf die Blattunterseite. Wer schaut da schon hin?
Ich habe einen besonders schön gestreiften Hinterleib und liebe schattige und feuchte Lebensräume.

eventuell *Tricholauxania praeusta*

Minettia fasciata

Ich bin eines der am besten untersuchten Tiere auf der ganzen Welt. Biologen nehmen mich gerne als Versuchstier, weil ich so schnell Kinder bekomme. Da kann man bei Experimenten fix sehen, was passiert. Aber: Hat mich mal jemand gefragt, ob ich das überhaupt möchte? So! Soll ich mal Experimente mit Menschen machen? Dann könnt ihr mal sehen, wie das ist!

Drosophila melanogaster
Schwarzbäuchige Taufliege

Fliegen (Fruchtfliegen)

Bei manchen Fruchtfliegen verströmen die Männchen einen Duft, der andere von unserer Art anlockt. Und zwar nicht nur Weibchen, sondern auch andere Männchen. So einen Duft nennt man Pheromon. Deshalb sieht man uns auch gerne zu mehreren dort sitzen, wo wir leckere Sachen finden. Zum Beispiel beim Kompost. Ich selbst stamme übrigens aus dem Mittelmeerraum und bin eingewandert.

Fruchtfliegen, auch Taufliegen genannt, hast du vielleicht schon einmal gesehen. Sie fliegen einem gerne ganz langsam und lautlos vor dem Gesicht herum, wenn man Saft getrunken hat.

Besonders attraktiv finden Fruchtfliegen den Duft von vergorenem Obst. Dafür kommen sie auch ins Haus oder entwickeln sich gleich dort im Bioabfall. Oder sie leben draußen beim Kompost.

Wir lieben übrigens Alkohol. Vielleicht sehen wir uns also in Wacken!
Och Mann! Wo ist denn meine Seite bloß?

Drosophila subobscura

Drosophila subobscura

Fliegen (Fruchtfliegen)

Fruchtfliegen und andere Insekten werden gerne von kleineren Tieren, Pflanzen oder Pilzen als Träger oder sogar feste Wirte genutzt. Zwei Beispiele findest du auf diesen Seiten, wenn du genau hinsiehst. Eines davon scheint sogar für die Wissenschaft neu zu sein.

Einmal zum Kompost, bitte!
Macht 2 Früchte 50!
Milben-Taxi 5:
Hier lässt sich die rote Milbe *Platytrombidium fasciatum* herumtragen. Das nennt man Phoresie.

Scaptomyza pallida mit Milbe

Meine Kinder fressen Gänge in zwiebelartige Pflanzen. Ich selbst steh' mehr auf Disteln.

Scaptomyza pallida

Manchmal bin ich auch etwas heller gefärbt, vor allem nach dem Schlüpfen. Und meine Art hat besonders lange Flügel.

Scaptomyza pallida

Da werde ich fast ein bisschen neidisch, dass ich keine habe.
Chymomyza fuscimana

Oh nein! An mir sitzen viele Parasiten! Die bringen mich nicht um, aber stören schon ein bisschen. Na ja, immerhin wurden diese speziellen Pilze noch niemals bei meiner Gattung Chymomyza gefunden. Eine wissenschaftliche Neuentdeckung im Garten!
parasitischer Pilz
Chymomyza fuscimana
Pilz: Laboulbeniales: *Stigmatomyces*

An meinem Flügelmuster kannst du mich gut erkennen. Eigentlich komme ich aus Nordamerika, lebe aber seit etwa 1980 in Deutschland. Da hat mich wohl jemand mit Äpfeln mitgebracht. Schön dumm! Wie einige andere Insekten in diesem Buch bin ich also ein Neubürger in Deutschland. Na ja, hier gibt's ja auch tolle Früchte, in denen meine Kinder leben können.
Chymomyza amoena

Ich mag gerne Nektar und Pollen. Hmmm!

Psilopa nitidula

Von uns beiden hier oben leben die Kinder im Wasser. Meine haben eine gegabelte Atemröhre und fressen Algen von Wasserpflanzen.

Scatella paludum

Ihr Menschen wisst nicht viel über meine Gattung und meine Kinder. Und ich sage es euch auch nicht. Es bleibt mein Geheimnis. Ätsch!

Gymnoclasiopa aulisioi

Wenn du dort spielen würdest, wo wir uns rumtreiben, wärst du ein kerngesundes Schmuddelkind und hättest wenig Ärger mit Allergien.

Spelobia

"Klein" wird bei uns großgeschrieben, auch im Familiennamen. Es gibt nämlich noch eine andere Familie, die einfach nur "Dungfliegen" heißt. Außer uns beiden hier unten sind übrigens alle anderen auf dieser Doppelseite Sumpffliegen.

Pseudocollinella humida

Die Kleinen Dungfliegen haben am Hinterbein ein breites Fußglied. Sie sind wirklich klein. Ihre Larven grasen winzige Mikroben auf Aas, Schiete und Pflanzengammelkram ab.

Kleine Dungfliegen spielen daher eine wichtige Rolle im Nährstoffkreislauf.

Fliegen (Kleine Dungfliegen, Sumpffliegen)

Wie der Name Sumpffliegen schon andeutet, lieben diese winzigen Fliegen die Nähe von Gewässern. Die können für einige Arten auch salzig wie das Meer sein, weshalb diese Fliegen manchmal auch Salzfliegen genannt werden.

Die Kinder von uns Hydrellia-Arten fressen Gänge in Blätter.

eine *Hydrellia*

Die Blätter von Gräsern mögen so manche von uns. Darum lieben wir Gärten, wenn es nicht gerade ein öder Steingarten ist. Die sollte sowieso niemand haben!

Notiphila

Und ich bin gerne auf feuchten Wiesen unterwegs.
Es gibt bei uns Sumpffliegen sogar Arten, deren Larven in Petroleum-Pfützen leben können. Also, für mich persönlich wär' das ja nix!

Limnellia quadrata

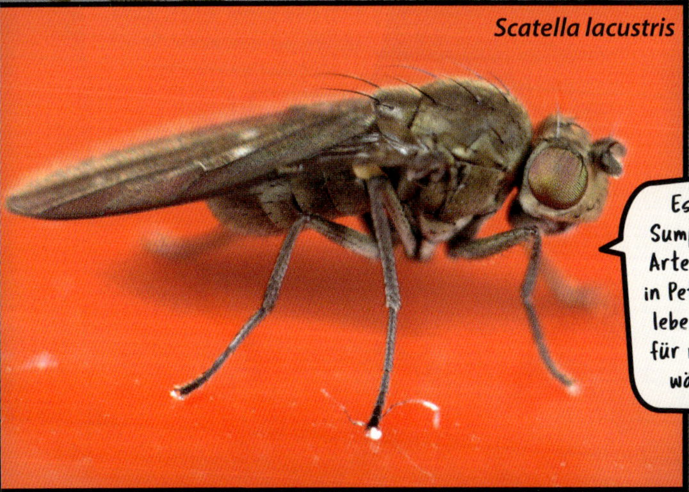

Scatella lacustris

Fliegen (Halmfliegen)

Die Halmfliegen sind ganz winzig. Sie sind bei uns oft im Garten unterwegs. Ihre Larven stören beim Fraß das Blühen von Gräsern. Manchmal laufen Halmfliegen im Herbst sogar ins Haus, um dort zu überwintern. Laufen, wohlgemerkt!

Winzlinge

Ich bin sehr häufig. Meine Kinder fressen übrigens freilebende Wurzelläuse. Die meisten anderen sind da ja eher Vegetarier. Wir Erwachsenen mögen gerne Honigtau und Nektar. Und manchmal sogar das Abwehrsekret des Erlenblattkäfers auf Seite 65, der auch hier im Garten herumlief. Vielleicht schmecken wir damit den Vögeln nicht so gut?
Vesikel: Vielleicht kommen hier Duftstoffe raus, die Weibchen anlocken?

Thaumatomyia notata
Gemeine Halmfliege
Männchen

Ich wollte auch was Schlaues sagen, aber mir fällt gar nichts ein. Mist! Blättere doch später nochmal hierher zurück! Vielleicht weiß ich dann ja etwas?

Oscinella

Ich bin nicht so gerne gesehen. Meine Kinder schädigen Weizen und Gerste. Aber wenn ihr das Getreide essen dürft, dann dürfen wir das auch! Sonst ist das ungerecht!

Chlorops pumilionis
Gelbe Getreidehalmfliege

Von uns Halmfliegen sind in Deutschland über 200 Arten bekannt, weltweit sogar über 3000. Meine Kinder lieben Schilf.

Calamoncosis

Wir gelb-schwarzen Arten sehen uns sehr ähnlich. Manchmal unterscheiden wir uns nur bei bestimmten Borsten. Fliegenforscher nennt man deshalb gerne Borstenzähler. :)

Lasiosina albipila

Wir Fliegenweibchen haben übrigens hinten einen Legebohrer zum Eier-Ablegen. Den nennt man Ovipositor. Bei mir kannst du ihn ganz gut sehen, auch wenn es mir etwas peinlich ist.
Ovipositor

Oscinella frit
Fritfliege, Weibchen

Man nennt mich Schenkelfliege, weil meine Hinterschenkel besonders dick sind. Damit kann ich sogar hüpfen!
Meist flitzen wir Halmfliegen auf die Blattunterseite, wenn du dich uns näherst. Schau doch mal öfter unter die Blätter, wer sich da alles versteckt! Du wirst staunen!

Meromyza
Schenkelfliege

Hebecnema, wohl umbratica
Weibchen
Hebecnema, wohl umbratica
Männchen
Von uns Echten Fliegen sind weltweit 4000 Arten bekannt. In Mitteleuropa sind es immerhin 500. Wir vermehren uns wie die Fliegen! Ups, das sind wir ja sowieso! Deshalb ist das Haus im Sommer auch so schnell voll mit meiner Schwester, der Großen Stubenfliege.
Musca domestica
Große Stubenfliege
Schon da! Als echte Nervensäge kennt mich natürlich jeder!
Ich sehe fast so aus wie eine Stubenfliege. Die hat aber vorne nur so einen Schlabberrüssel, während ich dieses gemeine Stechrohr hab'. Am liebsten steche ich übrigens in dein Bein. Deshalb heiße ich auch Wadenstecher. Du siehst mich gerne draußen an warmen Wänden sitzen. Komm ruhig ein bisschen näher!
Fieser Stechrüssel
Coenosia tigrina
Räuberfliege
Coenosia mollicula
Ich bin so ein richtiger wilder Räuber. Fast wie ein Tiger. Darum wohl auch mein Nachname “tigrina”. Keine Halmfliege oder andere kleine Fliege ist vor mir sicher! Fünf bis zehn schaffe ich pro Tag. Die fange ich im Flug und sauge ihnen das Blut aus dem Kopf und der Brust heraus! Gruselig, was?

Fliegen (Echte Fliegen)

Blut-sauger?

Zum überwiegenden Teil sind die Echten Fliegen zwar keine Blutsauger, aber der Wadenstecher auf dem großen Bild kann schon nerven. Und alle anderen Fliegen sind natürlich auch echt. Vielleicht haben die Leute den Namen „Echte Fliegen" für diese Fliegenfamilie gewählt, weil auch die bekannte Große Stubenfliege dazu gehört?

Hier drin ist dein Blut oder vielleicht auch das von einem Tier.

Stomoxys calcitrans
Wadenstecher

Graphomya maculata
Gefleckte Hausfliege

Azelia cilipes

Ich bin grau und meine Flügel haben verdunkelte Queradern. Auf meinem Hinterleib habe ich 4 Punkte – wie ein Würfel. Ganz schön kniffelig!

Helina evecta
Männchen

Also, Kühe kann ich ganz schön nerven, indem ich auf ihnen herumschwirre. Na ja, kein Wunder, dass ich Rinder liebe. Meine Kinder wachsen ja auch in Kuhfladen auf. Und mal ehrlich: So ein Kinderzimmer hättet ihr doch sicher auch gerne, oder?

Morellia simplex
oder *hortorum*

Fliegen (Blumenfliegen)

Die Blumenfliegen sitzen gerne auf Blumen, wo sie Pollen und Nektar fressen. Das tun sie auch bei uns im Garten und sind dabei sehr fleißig. Wie so viele andere Fliegen nutzen die Blumenfliegen gerne mal Blumen als Tankstelle, um energiereichen Nektar zu tanken.

Fliegenweibchen haben oft eine breite Stirn mit viel Platz zwischen den Augen.
Wenn du die Erde in den Gartenbeeten bearbeitest, gucken wir nach, was du da machst. Wir krabbeln sofort auf der frischen Erde herum und schauen, ob es schon keimende Samen für unsere Kinder, die Maden gibt. Bei den Weibchen meiner Art ist die breite Stirn übrigens vorne orange.

Es gibt zwei bis drei ähnliche *Anthomyia*-Arten. Bei *pluvialis* ist das Schildchen hier in der Mitte von vorne bis hinten hell. Bei *procellaris* (hier nicht gezeigt) ist es schwarz und hat nur hinten einen hellen Fleck.

Hier nur ein Mittelfleck bei der Gattung *Anthomyia*

Anthomyia pluvialis

Nur ein Mittelfleck

Anthomyia pluvialis

Fliegen brauchen viel Energie! Blumenfliegen interessieren sich nicht für Menschen und Tiere. Deshalb bemerken wir sie auch nicht. Dabei gibt es sie sehr häufig und sie sind gar nicht so klein. Interessant finden Blumenfliegen die Pflanzen, in denen ihre Kinder aufwachsen. Oder Kuhfladen. Oder Vogelnester. Oder die Vorräte der Wildbienen.

Delia platura Weibchen

Kann nicht reden. Bin beschäftigt! *Schlürf*

Delia platura Männchen

Verwechslungs-gefahr!
Ich bin keine Blumenfliege, sondern eine Echte Fliege! Allerdings sehe ich fast so aus wie Anthomyia.
Zwei Mittelflecken bei *Limnophora*

Limnophora tigrina

Diese gelbe Blüte gefällt mir. Heute gibt es Nektarsuppe. Auch Blattlaus-Honigtau und andere Zuckerspritzer mag ich.
Fliegenmännchen sind oft ein bisschen engstirnig.
Wie bitte???

Delia platura Männchen

Ich verrate dir jetzt, warum wir Kleinen Stubenfliegen so gerne um die Lampenschirme kreisen, die in der Mitte des Raumes hängen: Unsere Männchen patrouillieren dort und bewachen ihr Revier. Und unsere Madenkinder leben in all eurem Abfall. Von dort aus erobern wir euer Haus! Hihi!

Fannia canicularis
Kleine Stubenfliege
Weibchen

Wie die Fliegen zu ihren deutschen Namen kamen

Viele deutsche Fliegennamen drücken bereits das jeweils auffälligste Merkmal aus: zum Beispiel Tanzfliegen, Schwebfliegen, Stelzfliegen, Raubfliegen, Tangfliegen. Oder manchmal auch die Lebensweise: zum Beispiel Raupenfliegen, deren Kinder von Raupen leben. Darum haben Fliegen, die auf sich aufmerksam machen, meist auch deutsche Namen: Wadenstecher, Stubenfliege, Mistbiene, Goldfliege, Fruchtfliege, Kohlfliege. Der deutsche Name sagt etwas über unsere Beziehung zu den Fliegen aus und wie stark sie uns auffallen. Leider tun das viele nicht. Und deshalb haben die meisten Fliegen und auch viele andere Insekten keine deutschen Namen.

Für die Menschen der Antike oder des Mittelalters waren die Stubenfliegen die Fliegen schlechthin: Na ja, stimmt ja auch. Sie fliegen um uns herum, dort wo wir uns am häufigsten aufhalten: im Haus. Sie laufen auf uns herum und kitzeln uns am Arm, im Gesicht. Oder sie landen auf unserem Essen und lutschen daran herum. Das ergibt eben die „Stubenfliege“, lateinisch: *Musca domestica* – die Fliege des Hauses. Und schon nennen wir alles, was so ähnlich aussieht, schnell fliegt, nicht zu groß und nicht zu klein ist, eben einfach ... „Fliege“.

Fliegen (Fanniiden)

Von den Fanniiden fliegen bei uns Unmengen im und auch um das Haus herum. Sie tanzen unter jedem Baum im Garten. Es sind Kleine Stubenfliegen, die im Sommer Garten und Haus einnehmen. Im Gegensatz zur Großen Stubenfliege schwirrt die Kleine Stubenfliege gerne recht langsam und geräuschlos um Lampenschirme herum, haben wir festgestellt.

echt funny!
Ja ja, früher gehörten wir Fanniiden für die einen zu den Blumenfliegen und für die anderen zu den Echten Fliegen. Aber he! sind wir jetzt nicht mehr echt oder was? Fliegiger als wir geht doch wohl nicht! Aber was reg' ich mich auf? Nun sind wir halt eine eigene Familie, weil hier ein Börstchen oder eine Flügelader ein bisschen anders ist als bei den "tollen" Echten Fliegen!

Fannia canicularis
Kleine Stubenfliege
Weibchen

Von uns Fanniiden gibt es in Europa gut 85 Arten.

Fannia manicata
Männchen

Fliegen (Dungfliegen,

Ja, und nun denken viele, die Dungfliegen würden sich alle nur auf Mist herumtreiben, was die meisten gar nicht machen. Aber daran ist wohl die Gelbe Dungfliege da unten schuld. Die sieht man nämlich wirklich oft in Massen auf frischen Kuhfladen herumsitzen. Aber das erzählt sie dir am besten selbst.

Ja, es stimmt: Ich liebe Kuhfladen. Aber das ist alles nur wegen meiner Kinder. Erstmal treffen wir Fliegen uns nämlich zum Kuscheln auf dem warmen Dung. In den legen wir dann die Eier, aus denen unsere süßen Kleinen schlüpfen. Die fressen aber nicht Schiete, sondern Fliegenmaden. Und wir Erwachsenen saugen kleine Insekten mit unserem Rüssel aus, fressen aber auch gerne Pollen.

Scathophaga stercoraria
Gelbe Dungfliege

Alle Dungfliegen haben lange weiche und goldglänzende Haare am unteren Hinterkopf.

Neben Pollen fresse ich auch gerne Insekten, die das Pech haben, bei meinem Ansitz auf der Hecke vorbeizukommen. Ich sag' nur: Schlürf!

Scathophaga litorea

Schmeißfliegen)

Die Schmeißfliegen lieben alles, was stinkt und zerfällt. Ja, sogar Leichen. Denn in Aas und Kot entwickeln sich ihre Maden. Nicht gerade appetitlich, aber für die Natur äußerst wichtig! Denn so werden die Stoffe der toten Tiere der Natur zurückgegeben.

Meine Kinder fressen nur totes Gewebe. Darum werden sie manchmal auch zur Wundheilung eingesetzt. Das sieht zwar etwas eklig aus, hat aber schon so manchem Verwundeten im Krieg geholfen, wenn es keine anderen Medikamente gab.

Lucilia
Goldfliege

Mit Hilfe meiner Kinder wurden schon Mordfälle aufgeklärt. Manchmal weiß man bei diesen Verbrechen nicht das Todesdatum. Meine kleinen Maden besiedeln tote Körper nur zu einem ganz bestimmten Zeitpunkt, andere Fliegenarten wiederum zu anderen Zeiten. Hat der Mörder am so festgestellten Mordzeitraum kein Alibi, ist er überführt.

Lucilia
Goldfliege

Ich kotz' gleich! Ja, das mache ich wirklich ziemlich oft. Dann siehst du einen Tropfen aus meinem Mund heraushängen. Den verdaue ich danach nochmal. Das geht bei mir leider nicht anders.

Calliphora vicina
Blaue Schmeißfliege

Raupenfliegen haben ihren Namen daher, dass ihre Kinder Parasiten bei allen möglichen Insektenlarven sind, darunter auch Schmetterlingsraupen. Die Erwachsenen sitzen gerne auf Blüten und schlürfen Nektar und Honigtau.

Ja, meine Kinder mögen Glucken. Aber nicht die Hennen, sondern die Schmetterlinge von Seite 77, die auch so heißen. Deren Raupen fressen sie. Die Glucken mögen meine Kinder deswegen allerdings weniger. Seltsam!

Goniocera versicolor

Nach dem Kuscheln heftet meine Frau ihre Eier an die Nymphen von Erdwanzen. An denen schlüpfen unsere Kinder und fressen die Erdwanze. Viele von uns Raupenfliegen haben so ihre Lieblingsart. Ihr Menschen nehmt uns deshalb auch gerne, um euch beim Kampf gegen Schädlinge zu helfen.

Phania funesta
Erdwanzenfliege
Männchen

Fliegen (Raupenfliegen, Fleischfliegen, Lausfliegen)

Entweder lege ich schon sehr reife Eier oder ich bekomme gleich lebendige Junge, wie ihr Menschen. Die bringe ich direkt zu Regenwurmlöchern, wo meine Kinder die Regenwürmer aufsuchen und in sie rein schlüpfen. Das ist nicht gut für die Würmer. Aber nur so kann meine Art weiterleben.

Sarcophaga
eine Fleischfliege

Die Fleischfliegen sind so ähnlich drauf wie die Schmeißfliegen zwei Seiten vorher. Aas und Kot? Finden die super! Aber manche sind auch Parasiten. Wie die hier links.

Blut-sauger!

Es ist sehr interessant, wie die seltsamen Lausfliegen leben. Sie saugen das Blut von Vögeln oder Säugetieren. Einige werfen dafür ihre Flügel ab. Manche legen keine Eier, sondern bekommen schlupfreife Junge in Puparien (hat aber nix mit Pupsen zu tun). Bei manchen Arten trinken die Larven sogar an inneren „Milchdrüsen" der Fliegenweibchen. Fast wie bei uns Menschen. Hättest du das von Fliegen gedacht?

Krallen zum Festhalten in Haaren und Federn
Ich mag das Blut von Spatzen. Die hatte der komische Biologe, der dieses Buch geschrieben hat, reichlich im Garten. Und dann hab' ich mich verflogen und landete bei dem Typen im Haar. Statt sein Blut bekam ich dann nur diesen Fototermin.

Ornithomya avicularia
Gemeine Vogellausfliege

Hautflügler

Hautflügler haben vier Flügel, auch wenn man sie nicht immer sieht. Dies und vieles mehr unterscheidet sie von den Zweiflüglern.

Die Hautflügler sind eine Riesengruppe der Insekten. Weltweit sind 156 000 Arten bekannt. Aber vielleicht ebenso viele oder noch mehr sind noch unentdeckt.

Chrysis ignita
Feuergoldwespe

Auch wir Ameisen gehören zu den Hautflüglern. Allerdings haben wir Arbeiterinnen keine Flügel. Unsere Stärke ist der Zusammenhalt!

Myrmica scabrinodis
Trockenrasen-Knotenameise
Proletarierin

Wir Goldwespen sind vielleicht die schönsten Hautflügler.

Viele Arten sind sehr klein und können nur von absoluten Experten bestimmt werden.

Und das ist ein großes Problem, denn diese Profis gibt es kaum noch. Das gilt leider auch für viele andere Tier-, Pflanzen- und Pilzgruppen.

Möchtest du nicht später einmal Expertin oder Experte für eine solche Gruppe werden? Du könntest neue Arten entdecken und beschreiben und sie zum Beispiel nach Leuten benennen, die du magst.

Ich Wespen-Po bin einer der gefürchtetsten Pos bei den Insekten und Menschen! Wenn ich dich steche, hilft dir vielleicht der Saft einer aufgeschnittenen Zwiebel.

Hinterleib einer Faltenwespe

Die Pflanzenwespen kann man ganz gut von den übrigen Wespen unterscheiden. Sie sind nämlich vorne am Hinterleib nicht eingeschnürt. Die anderen Wespen haben hingegen das, was man allgemein als „Wespentaille" bezeichnet. Darum heißen die übrigen Wespen auch die Taillenwespen.

Mist! Hier bin ich wieder falsch!

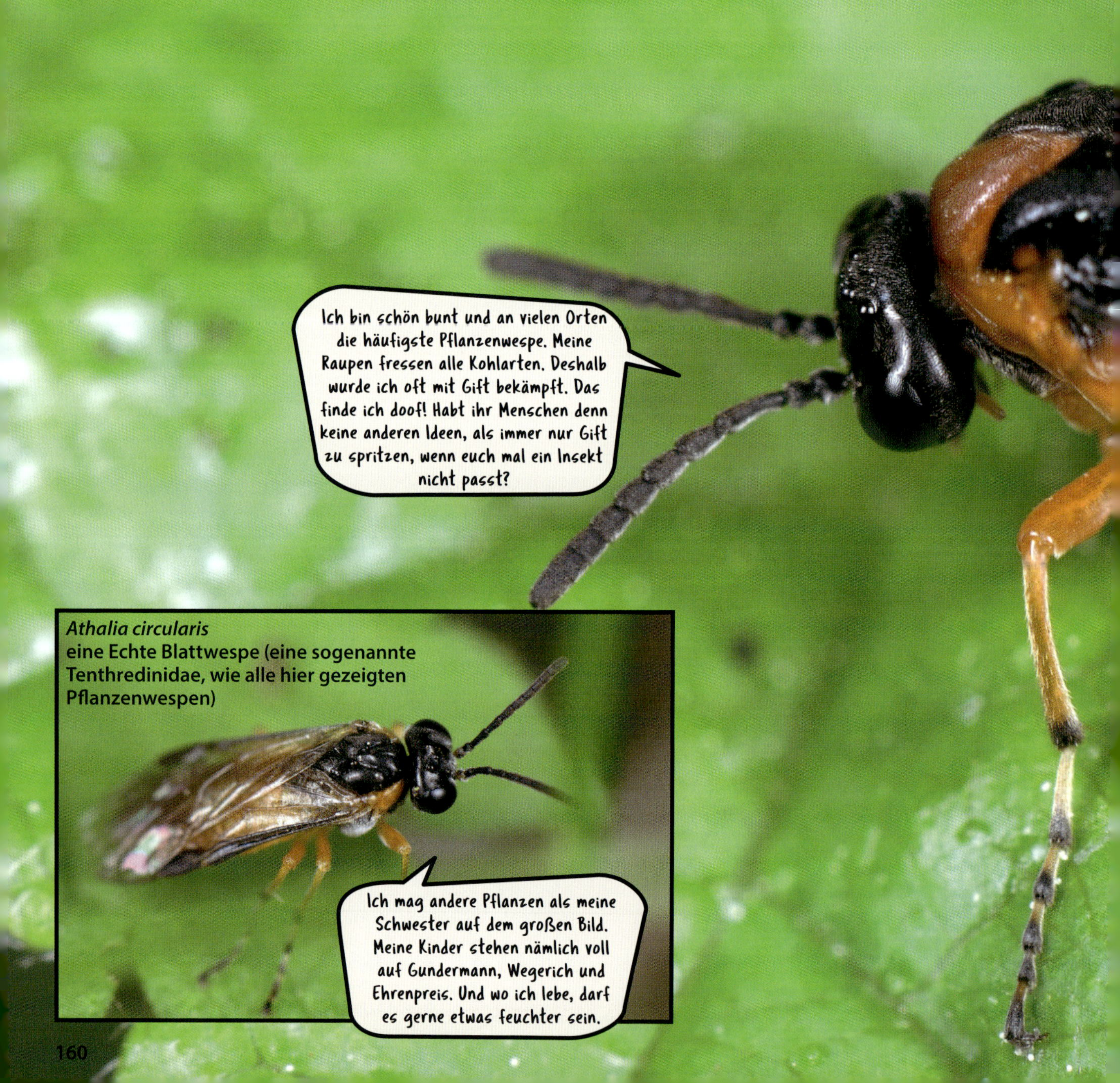
Ich bin schön bunt und an vielen Orten die häufigste Pflanzenwespe. Meine Raupen fressen alle Kohlarten. Deshalb wurde ich oft mit Gift bekämpft. Das finde ich doof! Habt ihr Menschen denn keine anderen Ideen, als immer nur Gift zu spritzen, wenn euch mal ein Insekt nicht passt?

Athalia circularis
eine Echte Blattwespe (eine sogenannte Tenthredinidae, wie alle hier gezeigten Pflanzenwespen)

Ich mag andere Pflanzen als meine Schwester auf dem großen Bild. Meine Kinder stehen nämlich voll auf Gundermann, Wegerich und Ehrenpreis. Und wo ich lebe, darf es gerne etwas feuchter sein.

Hautflügler (Pflanzenwespen)

Alle Pflanzenwespen brauchen Pflanzen. Oft sogar eine ganz bestimmte. Ihre Larven leben nämlich daran. Und die sehen fast genauso aus wie Schmetterlings-Raupen. Jedenfalls fällt es mir immer sehr schwer, die Raupen zu unterscheiden. Nur die Anzahl der Bauchfüße unterscheidet die beiden Gruppen, aber wer kann die schon so genau zählen?

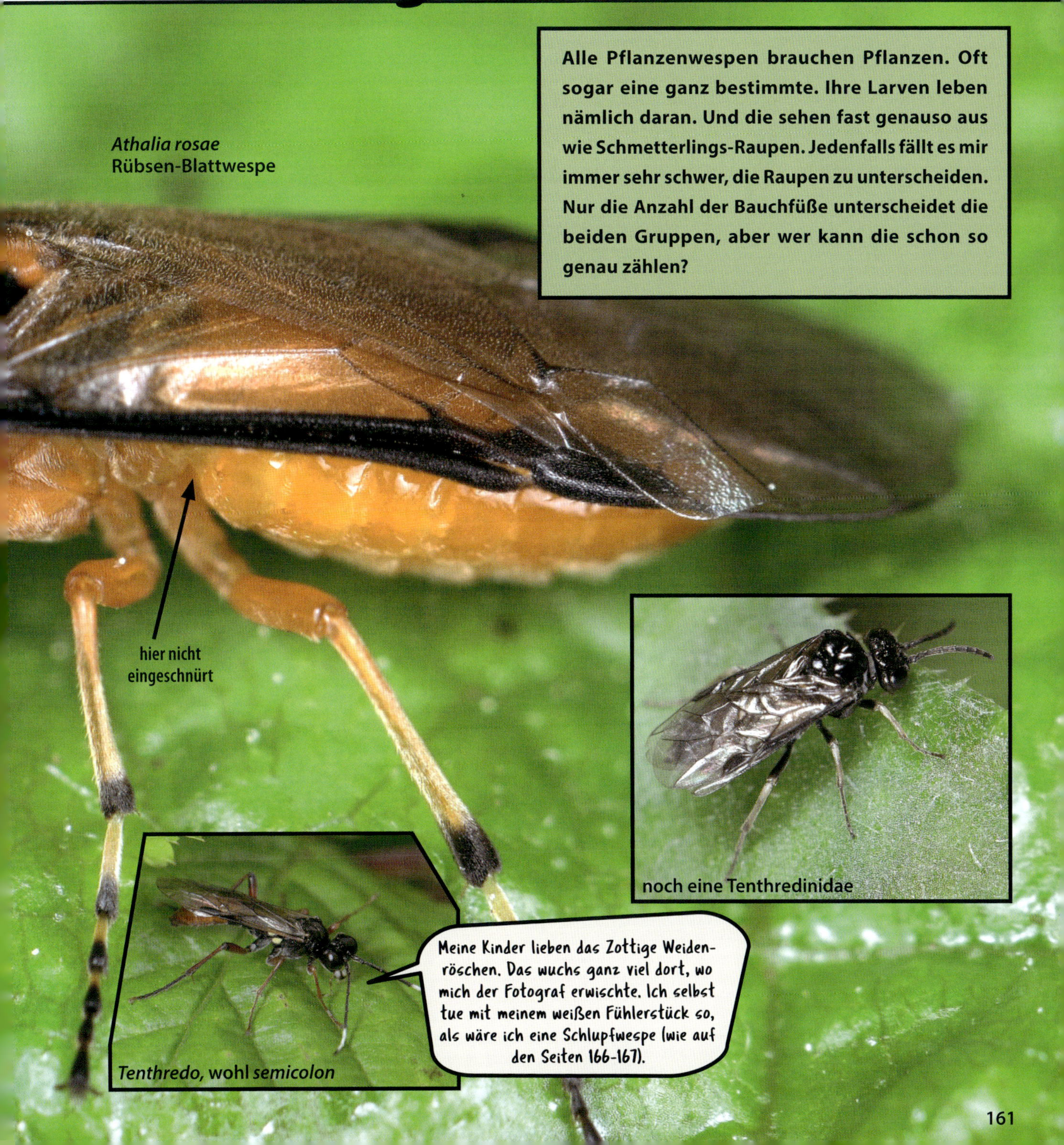
hier nicht
eingeschnürt
Meine Kinder lieben das Zottige Weidenröschen. Das wuchs ganz viel dort, wo mich der Fotograf erwischte. Ich selbst tue mit meinem weißen Fühlerstück so, als wäre ich eine Schlupfwespe (wie auf den Seiten 166–167).

Athalia rosae
Rübsen-Blattwespe

noch eine Tenthredinidae

Tenthredo, wohl *semicolon*

Hautflügler (Pflanzenwespen)

Erle mag ich schon ganz gerne, um darin meine Eier abzulegen. In dem Garten, in dem ich fotografiert wurde, gab es die aber nicht. Da hab' ich dann eben Hasel genommen. Geht auch.
Na ja, eigentlich sind es auch eher unsere Kinder, die Erle oder Hasel brauchen. Die mampfen die Blätter, bis nur noch ein klapperiges Blattskelett übrig bleibt. Später lassen sie sich auf den Boden fallen. Dort verpuppen sie sich im Laub und überwintern. Wir Erwachsenen schlüpfen dann im späten Frühjahr. Da ist es ja auch am schönsten!

Eriocampa ovata
Rotfleckige Erlenblattwespe

Das ist aber eine Quatschtante da oben! Ich mag Weiden. Fertig!

Nematus bergmanni

Ähh, ist hier vorne?
Oder doch hier?
Ich sehe eklig aus, oder? So einen Glibberkram mag doch kein Vogel fressen. Dafür fresse ich umso mehr, nämlich Blätter von Obstbäumen. Ach ja, habt ihr meine Eltern gesehen? Der Fotograf leider nicht.

Caliroa cerasi
Schwarze Kirschblattwespe
Larve

Meine Eltern werden übrigens auch vermisst. Die sehen der Rübsen-Blattwespe von der letzten Doppelseite ähnlich. Wir Pflanzenwespen haben Afterraupen. Vorne habe ich drei Beinpaare und hinten sieben Bauchfußpaare. Schmetterlingsraupen haben von letzteren nur vier. Ich selbst fresse gerne Eichenblätter.
Beine
Bauchfüße (nur fünf der sieben im Bild)

Mesoneura opaca
Larve

Meine Kinder mögen Rosenblätter aber sowas von gerne! Da bin ich natürlich ebenfalls gerne im Garten unterwegs, um eine besonders schöne Kinderstube für die kleinen Racker zu finden.

Cladius pectinicornis
Rosenblattwespe
Weibchen

Gras ist alles, was mein Nachwuchs liebt. Aber am besten nicht zu kurz gemäht. Lass doch mal ein kleines Rasenstück für uns Insekten wachsen!

Eutomostethus ephippium
Sattelblattwespe

Meine Kinder knabbern außen an anderen Larven herum.
Bracon

Findest du auf dieser Doppelseite die vier von uns, die mit "Alysi" anfangen? Wir vier mögen nämlich gerne fliegen und Fliegen. Ja, unsere Kinder fressen Fliegenkinder von innen auf. Gruselig, was?
Alysiinae Art 1

Und meine machen das gleiche mit Mottenkindern!
Chelonus

Brackwespe Art 1

Wir Brackwespen haben lange Fühler mit mindestens 16 Gliedern. Bei mir sind es aber sogar viiiiel mehr!

Für die Brackwespen fehlen leider Fachleute. Nur ganz wenige Biologen auf der Welt können die Tiere fehlerfrei bestimmen. Ich gehöre nicht dazu. Kein Wunder, denn weltweit gibt es schätzungsweise 50 000 Arten, von denen nur ein Bruchteil bekannt ist.

Den meisten Biologen fällt es sogar schon schwer, die Brackwespen überhaupt von der nachfolgenden Familie der Schlupfwespen zu unterscheiden, die noch artenreicher ist. Nur eine kleine Flügelader ist anders. Die Larven von diesen beiden Familien leben als Parasiten an und in Insektenlarven.

Hautflügler (Brackwespen)

Brackwespe Art 2

Brackwespe Art 3

Brackwespe Art 4

Brackwespe Art 5

Der arme Biologe hat wirklich versucht herauszubekommen, wer wir alle sind. Wo "Brackwespe" steht, wusste er gar nix außer unserem Familiennamen. Wo ein Name mit "inae" endet, hat er immerhin die Unterfamilie herausbekommen. Ist ein Name kursiv geschrieben, wusste er sogar die Gattung. Respekt! Aber er flüsterte mir zu, dass ihm ein Experte geholfen hat. Mogelheini!

wohl *Alysia*

eventuell *Aleiodes*

Alysiinae Art 3

Von den Schlupfwespen auf den folgenden Seiten unterscheiden wir uns nur durch die Flügeladern. Bei uns fehlt eine kleine Querader.

Alysiinae Art 2

Microgasterinae Art 1

Microgasterinae Art 2

Hautflügler (Schlupfwespen)

Schlupfwespen leben als Larven ebenfalls parasitisch. Weltweit gibt es noch mehr Schlupfwespenarten als Brackwespen, wahrscheinlich 60 000 oder mehr.

Als Forscher oder Forscherin kannst du dein ganzes Leben lang nur Schlupfwespen erforschen.

Ja, du wirst gebraucht! Denn leider gibt es kaum Experten! Dabei sind diese Tiere so schön und spannend!

Ich persönlich gehöre zur Unterfamilie Ichneumoninae, wie ein paar andere hier auch. Unsere Larven fressen die Raupen oder Puppen der Schmetterlinge von innen auf. Meine Kinder sind dabei hinter der Kohlschabe her, einer Motte auf Seite 80. Die ist für euch Menschen schädlich, deshalb freut ihr euch doch sicher über mich, oder?
Auch meine Kinder sind hinter Schmetterlingen her. Es können aber einige verschiedene Arten sein. Im Garten mag ich den Rand mit Hecke und Gebüsch echt gerne.
Hier hat dem Buch-Heini doch wieder ein viel schlauerer Mensch unsere Namen vorgesagt!

wohl *Cratichneumon culex* oder *flavifrons* Weibchen

Acrotomus lucidulus Männchen

Chasmias paludator

Im Jahr 2019 wurde vorgeschlagen, uns Schlupfwespen den Namen "Darwin-Wespen" zu geben, weil der berühmte Biologe Charles Darwin unsere Lebensweise so grausam fand, dass er auch unseretwegen an der Existenz eines gütigen Gottes zweifelte.

Schlupfwespe Art 1

Ichneumoninae Art 1

Diadromus collaris
Weibchen

Plectiscidea

Zumindest ich Männchen bin für dich nicht so gefährlich, wie ich aussehe. Ich mache Mimikry und gebe vor, eine Stechwespe zu sein. Der Wirt für meine Kinder ist die Raupe der Hausmutter. Also der Eulenfalter auf Seite 76. Nicht eure Mama! Und überhaupt: Warum nicht auch mal Hausvater?

Amblyteles armatorius
Gelbe Schlupfwespe
Männchen

Bei uns gibt es noch ganz viele unbekannte Arten!

Schlupfwespe Art 2

Clistopyga incitator

Schlupfwespe Art 3

Ctenopelmatinae Art 1

Wir drei hier oben rechts lassen unsere Kinder in Larven von Pflanzenwespen knabbern. Die dürfen dabei eine Weile weiterleben. Dann ist aber finito!
Ctenopelmatinae Art 2

Mir fallen zum Beispiel Larven von Eichenblattwespen zum Opfer.
Absyrtus

Ich fliege gerne bei Hecken und Weiden herum. Meine Kinder lieben Raupen, die ich anpiekse.
Aritranis director
Weibchen

Theroscopus

Aus meiner Gruppe stammen viele Schädlingsbekämpfer, weil wir uns von Blattwespen-, Motten- und Rüsselkäferlarven ernähren.
Campopleginae
Männchen

Wir Schlupfwespenfrauen haben manchmal ganz schön lange Legebohrer. Damit stechen wir aber keine Menschen! Nein, damit legen wir Eier in Larven, die versteckt leben. Ich steche mit meinem in Lehmwespennester, wo sich meine Kinder von Wespenlarven ernähren.
Stenarella domator
Mauer-Schlupfwespe
Weibchen

Meine Kinder fressen die Larven von Schwebfliegen.
Diplazon laetatorius
Weibchen

Hautflügler (Schlupfwespen)

Mein Larvenfutter: Wespenlarven.

Perithous scurra oder divinator
Weibchen

Hier: Schmetterlingspuppen.

Pimpla
Männchen

Pimpla rufipes
Schwarze Schlupfwespe

Pimplinae Art 1
Männchen

Ich parasitiere an Miniermotten. Deren Larven sitzen in Gängen in Blättern. Hab' eine erwischt! Hihi!

Scambus
Weibchen

Hier: Spinneneier!

Tromatobia lineatoria
Weibchen

Meine Unterfamilie hat es auf Rüsselkäfer oder Glanzkäfer abgesehen. Da der Rapsglanzkäfer von Bauern nicht so gerne gesehen wird, sind wir umso beliebter.

Tersilochinae

Ich bin bis 4 cm groß!

Dolichomitus mesocentrus

Ich mache Mimikry und tu' so, als wär' ich eine Ameise. Ich bewege mich sogar so und hab' keine Flügel.

Gelis
Weibchen

Ich bin ein Parasit an anderen Parasiten. Das können Brackwespen nicht! Ich bin darum ein Hyperparasitoid! Hyper Hyper!

Mesochorinae
Männchen

Hautflügler (Erzwespen)

Zu den Erzwespen gehören die kleinsten geflügelten Insekten auf der Welt. Manche sind nur knapp über einen Zehntel Millimeter groß! Auch die auf dieser Doppelseite sind unter 2 mm groß.

Wahrscheinlich hast du die Tiere deshalb bisher meistens übersehen. Vielen anderen geht es genauso. Man schätzt, dass es weltweit 500 000 Arten von Erzwespen gibt – eine unglaubliche Zahl!

REKORD!
Vielleicht artenreichste Tiergruppe überhaupt!

Man nennt uns Erzwespen, weil wir so einen wunderschönen Erzglanz haben können. Genau wie Metall-Erze. Das ist aber keine echte Farbe, sondern schillert nur wegen kleiner Strukturen in der Oberfläche so herrlich bunt!

eine Pteromalidae
wohl *Mesopolobus*

Wir alle haben fast keine Flügeladern.

eine Pteromalidae
wohl *Dibrachys*

REKORD! Winzigste geflügelte Insekten

Oh, sprecht meinen Kollegen rechts besser nicht an! Der hat gestern zuviel getrunken und heute sooo 'ne Birne!
Die Kinder von mir leben übrigens oft in selbstgemachten Gallen in Gräsern.
eine Eurytomidae *Tetramesa*

Über mich und mein Leben weiß man wenig. Aber ich hätte heute eh keine Lust zu quatschen!
Boah! Mir brummt der Schädel!
War aber mega in Wacken!
Cratomus megacephalus

Wir Erzwespen sind als Kinder meistens Parasiten. Da wir aber, genau wie die Brack- und Schlupfwespen, unsere Wirte töten, nennt man uns genau genommen Parasitoide. So richtig echte Parasiten tun sowas nämlich nicht, diese Weicheier. Ich kille Minierfliegen wie die Phytomyza auf Seite 136.
eine Eulophidae wohl *Diglyphus*

eine Pteromalidae

In meiner werten Verwandtschaft gibt es kaum Männchen und viele Lebensweisen. Sogar ein paar Pflanzenfresser sind dabei!
Eulophidae Tetrastichinae

kurz
Ich bin eine normale Zehrwespe. Mein erstes Fühlerglied ist kürzer als bei den Diapriiden.

Zehrwespe Art 1

Oft fressen unsere Kinder Käferlarven.

Zehrwespe Art 2

Wir vom Team Trichopria haben ganz langbehaarte Fühler. Einige von uns machen Fruchtfliegen das Leben schwer. Da könnten wir als giftfreie Möglichkeit zur Bekämpfung eingesetzt werden.

Diapriidae
Trichopria Art 1

Wir Diapriiden werden manchmal zu den Zehrwespen und manchmal als eigene Gruppe gezählt. Die Gründe sind eher kompliziert.

Diapriidae
Trichopria Art 2

Wir winzigen Figitiden sehen Gallwespen sehr ähnlich. Meine Kinder parasitieren in den Larven von Blattlauswespen, die wiederum in Blattläusen leben. Wir leben also in Tieren, die in anderen Tieren leben, wobei beide ihren Wirt am Ende töten. Das nennt man Hyperparasitoide.

Figitidae
Alloxysta

Bei uns Ceraphronoiden sitzen die Fühler ganz unten am Kopf.

eine Ceraphronoide

Hautflügler (Zehrwespen, Ceraphronoiden, Figitiden, Diapriiden)

Komische Namen: Ceraphronoiden, Figitiden, Diapriiden. Die Tierchen sind so klein, dass sie nicht einmal deutsche Familiennamen bekommen haben. Die Diapriiden zählten früher zu den Zehrwespen. Jetzt ist man sich nicht mehr so sicher.

Du merkst schon: Die ganzen Winzlinge machen der Forschung ganz schön zu schaffen! Diapriiden attackieren übrigens vor allem die Larven und Puppen von Fliegen und Mücken.

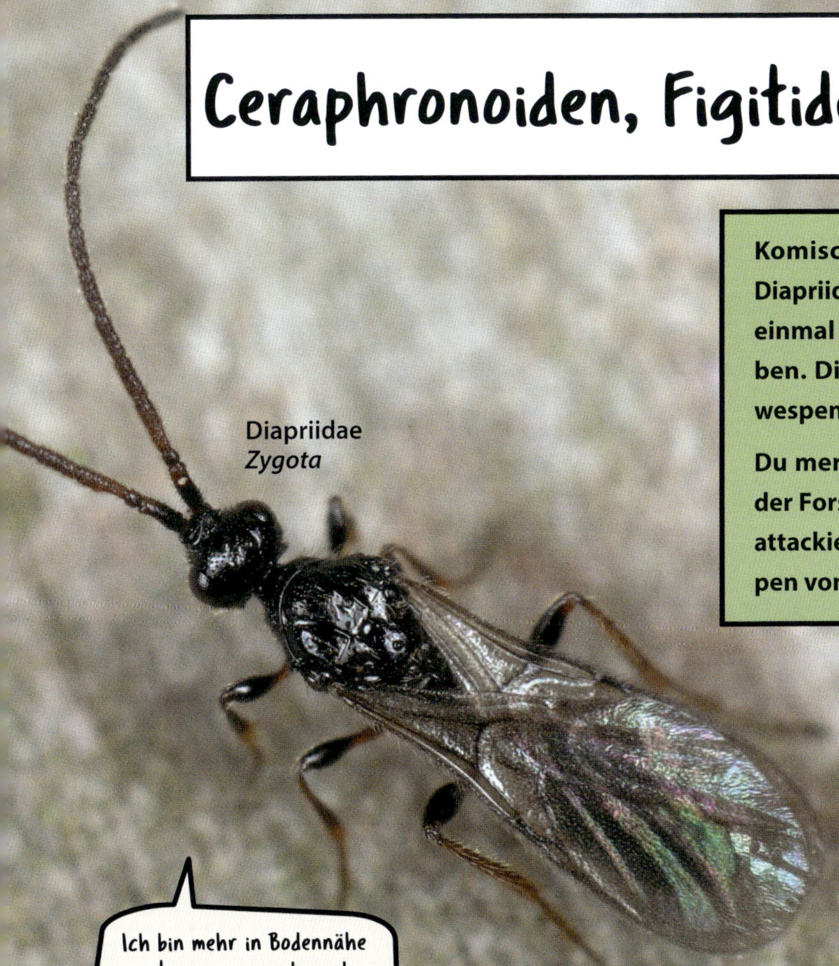
Ich bin mehr in Bodennähe unterwegs, wo ich nach Pilzmücken suche. Meine Kinder mögen deren Kinder. Sie haben die zum Fressen gern! Hihi!

Diapriidae
Zygota

Das erste Fühlerglied ist bei uns Diapriiden viel länger als das nächste.
Bei vielen von uns Diapriiden sind die Beine hinter den Knien ziemlich dünn.

Diapriidae Art 1

lang

Diapriidae Art 2

Hautflügler (Ameisen)

Von den heimischen Hautflüglern sind nur Ameisen und Honigbienen in der Lage, mehrjährige Staaten zu bilden. Wie die Ameisen mit anderen Arten zusammenleben, manchmal Weidetiere haben und sogar Sklaven halten, das sind echt spannende Geschichten, die ich leider hier in der Kürze nicht alle erzählen kann.

Wir Ameisenmännchen haben Flügel. Am großen Hochzeitstag, der an heißen Sommertagen ist, fliegen wir zusammen mit den jungen Königinnen los. Die gründen nach der Begattung einen neuen Staat.

Lasius niger
Schwarze Wegameise
Männchen

Mäh!
Mäh!
Laber nicht!
Boah! Unsere lausige Blattlaus-Herde ist echt anstrengend! Aber wir schlürfen halt so gerne den Honigtau vom Blattlaus-Po.

Lasius niger
Schwarze Wegameise
Schäferinnen von Blattlaus *Aphis*

Die Ameisen hießen früher Emsen. Und weil sie immer so geschäftig und fleißig herumliefen, gibt es seitdem dafür das Wort „emsig“.

Es gibt tatsächlich Schmetterlingsraupen, die in meinem Bau leben und die Kinder fressen. Der Bläuling macht sowas. Na warte! Wenn ich den erwische!
Diese verengten ein bis zwei Segmente haben nur Ameisen.

Myrmica scabrinodis
Trockenrasen-Knotenameise
Arbeiterin

Hat jemand die Königin gesehen?
Nö!

Lasius flavus
Gelbe Wegameise
Männchen beim Hochzeitsflug

Myrmica scabrinodis
Trockenrasen-Knotenameise
Königin (groß) und Arbeiterin

Meine Art lebt im offenen Grasland. Wenn wir Flugtag haben, ist die Luft voller Vögel, die uns schnappen wollen. Und leider schaffen die das auch ziemlich oft. Schade!

Myrmica scabrinodis
Trockenrasen-Knotenameise
Männchen

Bei heißem Wetter sieht man die Wegwespen manchmal am Boden herumlaufen. Sie suchen nach ihrer Beute und das sind: Spinnen! Es gibt teilweise heftige Kämpfe, aber meist gewinnt die Wespe. Und dann macht sie gruselige Dinge mit ihrem Opfer …

Auplopus carbonarius
Tönnchenwegwespe

Gruselig!

Für meine Kinder baue ich tönnchenförmige Lehmnester. Dann muss ich für meinen Nachwuchs Spinnen fangen. Am liebsten nehme ich Sackspinnen oder Glattbauchspinnen. Was ich mit denen mache, erzähle ich gleich. Aber wenn du schwache Nerven hast, lies lieber nicht weiter!

Auplopus carbonarius
Tönnchenwegwespe
mit Spinne

Und? Bereit? OK! Ich und die Spinne, wir kämpfen auf Leben und Tod! Eigentlich gewinne ich immer. Und dann beiße ich der Spinne die Beine ab, eins nach dem anderen. So kann sie sich nicht mehr wehren, lebt aber noch! Ich packe sie an den Spinnwarzen und schleppe sie zu meinen Brutzellen, wo mein Kind wartet. Das knabbert an der noch lebenden Spinne herum, wächst und frisst die Spinne schließlich ganz auf.

Hautflügler

(Wegwespen, Grabwespen)

Auch die Grabwespen jagen Tiere, die als Nahrung für ihre Brut dienen. Manche klauen dafür sogar anderen Wespen ihre Beute. Ansonsten können ihre Opfer alle möglichen Insekten sein, aber auch Spinnen.

Mellinus arvensis
Kotwespe

Ich jage für mich und meine Kinder Fliegen. Die lähme ich mit einem Stich. Dann machen die keinen Mucks mehr! Im Sandboden habe ich vorher schon eine schöne Nistkammer mit Ei eingerichtet. Nun nur noch die Fliege rein und mein Kind da drin hat etwas zum langsamen Aufmampfen. Natürlich bei lebendigem Leib!

Rhopalum coarctatum

Ich versorge meine Brut mit Zuckmücken und anderen kleinen Insekten. Meine Kinder nisten in Stängeln. Als Erwachsene lebe ich übrigens – im Gegensatz zu der da links – eher vegan. Besonders gerne mag ich Nektar und sitze darum öfters auf Blüten.

Philanthus triangulum
Bienenwolf

Wir Bienenwölfe heißen nicht umsonst so! Wir lähmen Bienen mit einem Stich, drücken ihnen den letzten Nektar aus dem Mund und schlecken den auf. Dann bringen wir die Bienen in Brutkammern im Boden, wo unsere Kinder sie langsam auffressen! HUARHAR! *Höhnisches Gelächter*

Hautflügler (Faltenwespen)

Je leuchtender gelb-schwarz wir Faltenwespen gefärbt sind, desto stärker ist das Gift in unserem Stachel. Das haben Forscher herausgefunden. Vögel lernen so sehr schnell, welche Farbe sie lieber meiden sollten. Und das hilft uns dann wieder. Die ungiftigen Schwebfliegen (S. 124-131) nutzen das allerdings schamlos aus. Das ist unfair!

Polistes dominula
Haus-Feldwespe

Ich persönlich bin eher friedfertig. Übrigens komme ich erst seit kurzem auch in Norddeutschland vor. Durch den Klimawandel breite ich mich immer weiter nach Norden aus.

Die Gruppe der Faltenwespen ist vielleicht diejenige, die man am ehesten als Wespen kennt. Denn dazu gehören all die gelb-schwarzen Plagegeister, die einem im sommerlichen Garten das Essen und Trinken vermiesen können. Und einen Wespenstich hat wohl jeder schon einmal gehabt. Aber bitte lass die Wespen trotzdem am Leben, denn viele sind sehr nützlich!

Ancistrocerus
Lehmwespe

Und ich steche nur Schmetterlingsraupen, um sie zu lähmen. Die sind das Essen für meine Kinder. Ach ja, ich töpfere gerne und baue kleine Lehmzellen. Die sind dann nämlich die Kinderzimmer. Da kommt das Ei von mir rein, dann die Raupe als Futter. Und zu mit dem Deckel! Im nächsten Jahr kommt mein Kind als fertige Wespe heraus – wenn die Mauer-Schlupfwespe von Seite 168 das Nest nicht vorher findet.

Vespula vulgaris
Gemeine Wespe

Wir beiden mögen gerne Nektar, aber auch zuckerhaltige Säfte. Oh, ihr auch? Da haben wir ja was gemeinsam! Dann besuchen wir euch doch gleich mal beim Picknick! Aber ihr müsst uns was abgeben, sonst werden wir sauer! Hau uns und wir stechen dich! Dann werden wir nämlich gemein!

Paravespula germanica
Deutsche Wespe

Mein Stich ist seeehr schmerzhaft, aber nicht tödlich, wie manche sagen. Außer du hast vielleicht eine Insektengift-Allergie! Einige Kurzflügelkäfer haben keine Angst und leben in unseren Nestern von den Abfällen.

Vespa crabro
Hornisse

Wer wagt es, mich Hornissen-Königin im Winterschlaf zu wecken? Im nächsten Jahr möchte ich einen neuen Staat in einem hohlen Baum gründen. Da brauche ich jetzt meine Ruhe! Außerdem bin ich streng geschützt!

unpässliche Königin
im Winterschlaf

Seit fast 10 000 Jahren nutzt ihr Menschen mich als Honiglieferant. Und ich bestäube ganz viele Pflanzen. Darum bin ich sehr wichtig! Wir Honigbienen entscheiden demokratisch, wo ein neuer Schwarm sein Zuhause findet. Wenn möglichst viele Kundschafterinnen mit ihrem Schwänzeltanz auf einen bestimmten Ort hinweisen, wird der genommen. Mit dem Tanz können wir auch mitteilen, wo es Nahrung gibt.
Es stimmt übrigens, dass unser gefürchteter Giftstachel meist in deiner Haut stecken bleibt und abreißt, wenn wir dich stechen. Dann müssen wir leider sterben. Wir verteidigen unseren Bau aber meistens gegen andere Insekten. In denen bleibt der Stachel nicht stecken und wir können noch oft stechen. Beim Kampf gegen andere Insekten opfern wir also nicht unser Leben. Das mit deiner Haut ist eher Pech für uns Bienen.

Apis mellifera
Honigbiene

Hautflügler (Echte Bienen)

Zu den Echten Bienen gehört zum Beispiel die bekannte Honigbiene. Die Menschen lieben sie, obwohl sie den Wildbienen mitunter Konkurrenz macht. Aber erstaunlicherweise gehören auch die Hummeln hierhin. Und dann noch ein paar Tiere, von denen du sicher dachtest, dass es Wespen sind.

Von den Wespen unterscheiden sich die Echten Bienen unter anderem durch Kämme an den Vorderbeinen zum Reinigen der Fühler.

Die fiese Varroa-Milbe setzt mir zu und lässt ganze Völker sterben. Ihr Menschen bekämpft sie gerne mit Gift. Aber versucht es doch mal ganz natürlich mit Pseudoskorpionen! (S. 199) Die fressen diese Milben.

Apis mellifera
Honigbiene mit Varroa-Milbe

Mit Nektar zusammengeklebter Pollen füllt die Körbchen der Sammelbeine.

Hautflügler (Echte Bienen)

Ja wirklich, Hummeln sind Echte Bienen. Sie brummen zwar tief und bedrohlich, sind aber sehr friedlich. Man muss sie schon ganz schön ärgern, damit sie einen stechen. Aber warum sollte man das bei so lieben und nützlichen Tieren tun?

Sind wir nicht alle schön plüschig?

Bombus lapidarius
Steinhummel
Männchen

Bei manchen Hummelarten sind die Männchen und Arbeiterinnen unterschiedlich gefärbt. So wie bei uns Steinhummeln! Die Königin ist bei fast allen Hummeln größer als die anderen Tiere.

Bombus lapidarius
Steinhummel
Weibchen

Ich bin so dick und flauschig, dass ich schon früh im Jahr losfliegen kann, wenn es noch kalt ist. Meine Königin ist riesig – na ja, für ein Insekt – und baut ihr Nest unter der Erde. Bis zu 500 Hummeln leben später darin.

Bombus terrestris
Dunkle Erdhummel

Wir Ackerhummeln sind in Gärten und auf Wiesen weit verbreitet. Manchmal besiedeln wir alte Mäuse- oder Vogelnester, die als Basis für unser Nest dienen. Darin leben später gut 100 Hummeln.

Bombus pascuorum
Ackerhummel

Bombus lucorum
Helle Erdhummel

Manchmal machen sogenannte Kuckuckshummeln uns normalen Hummeln das Leben schwer. Die sehen fast genauso aus wie wir und legen ihre Eier in unsere Nester. Wir ziehen dann die Kuckuckshummel-Kinder groß. Das ist so ähnlich wie beim Vogel Kuckuck.

Bombus lucorum
Helle Erdhummel

Wir Hummeln sind wichtige Bestäuber. Viele Pflanzen brauchen uns. Besonders gerne mögen wir bläuliche Blüten. Die strahlen oft ein Licht aus, das ihr Menschen nicht sehen könnt. Das heißt ultraviolettes Licht. Wäre toll, wenn man es hinkriegen könnte, dass du die Welt mal durch unsere Augen sehen kannst! Da sieht alles ganz anders aus!

Bombus pratorum
Wiesenhummel

Ich bin im Garten ziemlich häufig. Für meine Königin geht's bereits im August ins Winterquartier. Früher als bei anderen Hummeln. Übrigens wirken Saftmale auf Blüten für uns Hummeln wie Markierungen auf einer Flugzeug-Landebahn. So kommen wir schneller ans Ziel.

Bombus hypnorum
Baumhummel

Wir Baumhummeln bauen Nester über der Erde. In Gartennähe nehmen wir auch alte Vogelnester, Nisthöhlen oder Dachböden. Aber eigentlich leben wir im Wald und an Waldrändern. Im Gegensatz zu den anderen Hummeln verteidigen wir unser Nest, weil es oberirdisch ist. Wenn du einen Hummel-Nistkasten aufhängst, gehe ich da gerne rein. Ganz lieben Dank!

Ich selbst tue ganz harmlos und schlürfe Nektar, ganz "zufällig" in der Nähe von Sandbienen. Die graben kleine Nester in den Sandboden, füllen die mit Pollen und Nektar, und legen ein Ei hinein. Jetzt kommt meine Stunde! Aber das erzählt euch meine Schwester auf der rechten Seite weiter ...
Nomada
Ui, die sind aber groß! Ich suche lieber weiter.

Hautflügler (Echte Bienen)

Hier kommen ein paar Echte Bienen, die aussehen wie Wespen. Es sind die Wespenbienen. In unserem Garten fliegen im Frühjahr ziemlich viele Sandbienen herum (nächste Doppelseite). Und vor allem auf die haben es die Wespenbienen abgesehen. Sie sind nämlich Kuckucksbienen. Aber lies selbst!

Nomada
... Tja, irgendwann muss meine Lieblings-Sandbiene mal wieder sammeln gehen. Das nutze ich aus und lege schnell mein Ei zu dem der Sandbiene. Ich mache auch alles wieder schön zu, damit keiner was merkt! Und dann ...

Nomada
... schlüpft mein Kind und legt los! Zuerst wird das Sandbienen-Ei oder die Larve gefressen. Dann macht mein Nachwuchs sich über den Futtervorrat her. Und – welch' Überraschung! – irgendwann schlüpft aus dem Nest keine Sandbiene, sondern eine Wespenbiene!

Hautflügler (Sandbienen)

Die Sandbienen graben Brutröhren im Boden. Ihr Stachel ist kurz und dringt selten durch die Haut. Fass die Tiere also vorsichtig an und klemm sie nicht ein! Dann bleiben sie friedlich. Für meine Kinder ist das behutsame Auf-die-Handfläche-nehmen der Bienen an unseren Johannisbeeren im Frühjahr immer ein besonderer Spaß!

Andrena nigroaenea
Erzfarbene Sandbiene

Ich bin eine Allerwelts-Sandbiene und komme fast überall vor.

Andrena haemorrhoa
Rotschopfige Sandbiene

Wir Rotschopfigen Sandbienen mögen Obstbäume und viele andere Pflanzen. Natürlich auch die Johannisbeeren im Garten des komischen Typen mit der Kamera. Wir konzentrieren uns auch nicht in bestimmten Lebensräumen.
Schon klar! Aber kannst du dich JETZT bitte EINMAL in deinem Leben konzentrieren?

Andrena nitida
Glänzende Düstersandbiene

Ich mag vielerlei Blüten. Mein Nachname "nitida" heißt "glänzend", weil mein Hinterleib so glänzt.

Andrena cineraria
Graue Sandbiene
Männchen

Dann möchte ich aber auch "nitida" heißen, weil ich hinten genauso glänze! Mit dem Lebensraum bin ich nicht so pingelig. Ein schöner Naturgarten mit ein paar offenen Stellen, wo ich meine Brutröhren graben kann, wäre natürlich super!

Andrena fulva
Rotpelzige Sandbiene
Weibchen

Mich erkennst du sofort, weil ich so fuchsrot und superflauschig bin! Aber so schön sehen bei uns nur die Frauen aus. Die Männer sind etwas kahler, ganz wie bei euch Menschen. Die Johannisbeerblüten im Garten liebe ich ganz besonders, mag aber auch Nektar und Pollen anderer Blüten.

Andrena flavipes
Gemeine Sandbiene

Mich erkennst du an den hellen Binden auf dem Hinterleib.

Hautflügler

(Furchenbienen, Mauerbienen)

Die Furchenbienen haben ihren Namen von der gefurchten Behaarung der Weibchen oben auf dem letzten Hinterleibs-Segment. Vor allem die Männchen sind oft ziemlich schmal, weshalb man diese Bienen auch Schmalbienen nennt. Meistens graben sie ihre Brutgänge allein. Manchmal bilden sie aber auch sehr kleine Staaten. Oder sie nutzen die Nester anderer Bienen.

Bei meiner Art ist der Hinterleib der Männchen vorne manchmal rot. Die Weibchen haben das nicht. Bei uns Furchenbienen sehen sich viele Arten ziemlich ähnlich.

Lasioglossum calceatum
Gemeine Furchenbiene
Männchen

Wir Blutbienen sind Kuckucksbienen und bauen keine eigenen Nester. Wir nutzen zum Beispiel das von der Furchenbiene da oben, wo unsere Kinder deren Larven fressen. Lecker!

Sphecodes albilabris
Blutbiene

Ein toller Ausblick hier aus meiner Brutröhre!

Milben-Taxi 6

Osmia bicornis
Rote Mauerbiene

Die Mauerbienen nutzen alles Mögliche als Bruthöhlen. Auch Mauerritzen, daher ihr Name. Gerne besuchen sie dein aufgehängtes Bienenhotel.

Hier enden nun die INSEKTEN. Doch was kommt jetzt?

Bist du bereit umzublättern?
Denn jetzt wird es …
gruselig!!!

Aber alles nicht so schlimm …

Spinnentiere

Zu den Spinnentieren gehören mehrere Gruppen. Bei mir im Garten kamen davon die Milben, die Pseudoskorpione, die Weberknechte und die Webspinnen vor. Die Webspinnen sind wohl das, was du am ehesten als normale Spinnen bezeichnen würdest. Dazu gehört zum Beispiel die bekannte Kreuzspinne.

Nuctenea umbratica
Spaltenkreuzspinne

Eine dumme Bemerkung über meine “Nase” und ich schnapp zu! Ich schwöre! Das ist nämlich keine Nase, sondern es sind zwei spitze Giftzangen! Das kannst du aber nur von vorne sehen.
Diese komischen Dinger heißen *Pedipalpen*. Du kennst sie schon. Damit überträgt das Männchen seinen Samen in die weibliche Geschlechtsöffnung. Das ist bei Spinnen ziemlich gefährlich, weil die Spinnenfrau den Spinnenmann zum Fressen gern hat!
Ich hab’ meine Alte voll im Griff!
Dieser kleine Haken verhindert das Abrutschen und Zubeißen der weiblichen Giftzangen.
Träum weiter!

Tetragnatha montana
Bergstreckerspinne
Männchen

Männchen sichert die Giftzangen des Weibchens

Ich fange eure Gartenfliegen.
Wir Kreuzspinnen sind ja eigentlich eher braun mit einem weißen Kreuz auf dem Rücken. Das kannst du bei dem jungen Ding links oben sehen. Ich bin aber schon eine alte Dame. Und wir Omas können eben auch schon mal ein bisschen Rouge auftragen.
Ich sag' nix! Bin ja bloß ein Netz. Obwohl: Die Erfindung des Radnetzes war für die Spinnen ebenso wichtig wie für euch Menschen die Erfindung des Rades.

Araneus diadematus
Gartenkreuzspinne
Männchen

Radnetz

Webspinnen

(Echte Radnetzspinnen)

Unsere Echten Radnetzspinnen bauen wunderschöne Radnetze. Das sind wahre Kunstwerke, an denen eine Spinne viele Stunden arbeitet. Bestimmt kennst du die Gartenkreuzspinne, unsere bekannteste Echte Radnetzspinne.

Araneus diadematus
Gartenkreuzspinne
zwei Jahre altes Weibchen

Tja, andere Spinnen brauchen ein Lauerversteck neben dem Netz. Ich nicht! Denn durch meine grüne Farbe bin ich auch im Netz gut getarnt. Die blöden Fliegen sehen mich dort nicht. Hihi!

Araniella cucurbitina oder *opisthographa*
eine Kürbisspinne

Webspinnen

(Echte Radnetzspinnen)

Auch unsere Echten Radnetzspinnen müssen wachsen und sich häuten, um groß zu werden. Als kleine Spinnenkinder sehen sie manchmal den Großen nur mittelmäßig ähnlich. Hier kannst du mal klein und groß vergleichen.

Ich lebe draußen beim Haus. Wenn mein Netz eine Uhr wäre, sähe es so aus, als würden ungefähr bei 1 und 2 Uhr die ganzen Fäden fehlen. Diese zwei Sektoren lasse ich frei, darum mein Name! Und an dem Ende vom Netz lauere ich!

jung und alt!

Zygiella x-notata
Sektorspinne

jung und alt!

Du findest mich oft unter Brücken oder an Mauern in Gewässernähe. Oder ich baue meine Netze bei Häusern, wo ich das Licht nutze, um Insekten zu fangen.

Larinioides sclopetarius
Brückenkreuzspinne

jung und alt!

Ich baue ein ziemlich großes Netz. Dessen Mittelpunkt liegt oft gar nicht so richtig in der Mitte, sondern ist in Richtung meines Verstecks verschoben. Und da lauere ich in Mauerritzen oder Spalten von Bäumen. Darum gabt ihr mir den Namen Spaltenkreuzspinne. Aber eigentlich heiße ich Frieda!

Nuctenea umbratica
Spaltenkreuzspinne

Webspinnen

Wenn du über den Rasen läufst und es huschen ein paar Spinnen davon, dann waren das wahrscheinlich Wolfsspinnen. Die meisten davon jagen nämlich im Laufen. Manchmal tragen die Weibchen dabei eine Art Ball herum: Das ist der Eiballen oder Eikokon.

Wir Wolfsspinnen betreiben sogar Brutpflege. Den Kleinen hilft meine Frau beim Schlüpfen und trägt sie noch einige Tage auf ihrem Rücken herum. In der Zeit verzichtet sie aufs Jagen. Ach, man verzichtet ja auf so Vieles als Mutter! Aber es soll den Kindern ja gut gehen!

Trochosa
Männchen

Ich mag gerne etwas offeneren Kleiboden. Davon gab es im Garten des Biologen und drumherum mehr als genug. Darum rannten wir dort lustig zu ganz vielen herum.

Pardosa agrestis
Ackerlaufwolf
Männchen

(Wolfsspinnen, Trichterspinnen, Finsterspinnen, Plattbauchspinnen)

Wir bauen Trichternetze. Und wir Männchen halten nachts nach Weibchen Ausschau. Dabei überraschst du uns manchmal. Aber wir erschrecken uns genauso wie du!

Eratigena atrica
Hauswinkelspinne
Männchen

Wer kennt nicht den Riesenschreck, wenn man nachts im Badezimmer auf einmal einer monströsen Hauswinkelspinne gegenüber steht? Dabei tut diese Art der Trichterspinnen einem gar nichts.

Die Finsterspinnen bauen ebenfalls Trichternetze, sind aber etwas kurzbeiniger als die Trichterspinnen.

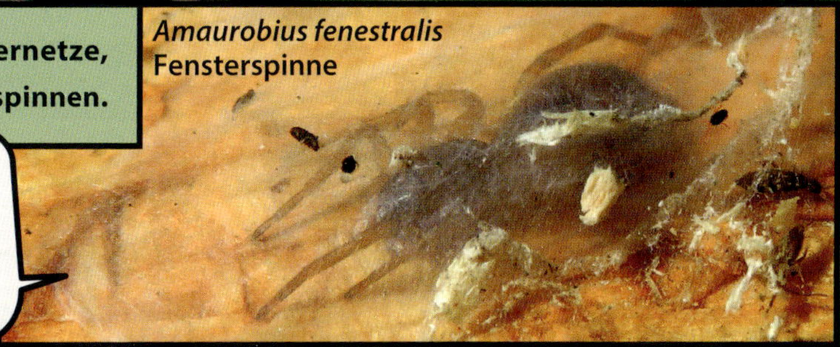
Ich bin eher im Wald zu Hause, wo du mich unter Holz findest. Meinen Artnamen Fensterspinne verdanke ich wahrscheinlich einer Verwechslung mit einer ähnlichen Art, die mehr in der Nähe von Fenstern lebt.

Amaurobius fenestralis
Fensterspinne

Die Plattbauchspinnen sind sehr kräftig gebaut. Sie jagen nachts ihre Beute. Tagsüber ruhen sie in röhrenförmigen Wohngespinsten.

Ich muss echt aufpassen, dass mich nicht die Tönnchenwegwespe von Seite 176 schnappt. Dann bin ich nämlich geliefert. Verratet mich bitte nicht!

Drassodes

Webspinnen (Krabbenspinnen)

Bei den Krabbenspinnen sind die beiden vorderen Beinpaare sehr groß. Meist sind sie in Lauerstellung seitlich abgespreizt. Das sieht aus, als wenn eine Krabbe ihre Scheren in Stellung bringt. Daher der Name Krabbenspinnen.

Xysticus cristatus
Braune Krabbenspinne

Wenn wir uns paaren, wird es heiß! Mein Mann fesselt mich mit Fäden. Ich stehe aber auf sowas und kann mich später selbst wieder befreien. In der Zwischenzeit kann der Typ weglaufen. Das sollte er auch, damit ich ihn nicht zum Nachtisch verspeise!

Xysticus cristatus
Braune Krabbenspinne
Weibchen

Ich lauere auf niedrigen Pflanzen auf meine Beute. Der Fotograf hat mich auf einer Brennnessel erwischt. Da sitze ich besonders gerne. Und die gibt es ja auch ganz viel in Gärten. Oft fange ich Käfer. Aber ihr werdet es nicht glauben: Ich fange auch Schmetterlinge und sogar ... Hornissen!

Und noch etwas haben die Krabbenspinnen mit den Krabben gemeinsam: Sie können seitwärts laufen. Übrigens lauern sie oft hinter Blüten auf ihre Beute. Wenn dann ein Insekt dort landet ... ZACK! Geschnappt!

Die großen Augen von mir sind wie Teleskope. Damit sehe ich alles sehr groß und scharf. Ihr werdet es nicht glauben, aber ich kann sogar im Auge meine Netzhäute vor und zurück und hin und her bewegen! So kann ich in verschiedene Richtungen schauen, ohne mich überhaupt zu bewegen. Das wissen die blöden Fliegen nicht! Und die denken, sie hätten die tollsten Augen. Ha!
Aua!

Salticus scenicus
Zebraspringspinne

Webspinnen

(Springspinnen)

Jetzt kommen meine Lieblingsspinnen: Ich finde die Springspinnen so knuffig mit ihren Glubsch-Augen! Die würde ich sofort als Spinnenkuscheltier nehmen!

Die Springspinnen können richtig gut springen. Mit ihren großen Augen sehen sie ihr Opfer und stürzen sich mit einem gewagten Sprung darauf!

Angeblich lebe ich besonders gern auf Holz und Baumstämmen. Der Fotograf fand mich aber immer nur an der Hauswand gegenüber dem Garten. Da landen auch viele Fliegen!
schräge Querbinden

Salticus cingulatus
Holz-Zebraspringspinne

Webspinnen (Springspinnen)

Zum Abschluss der Spinnentiere gibt es hier noch zwei hübsche Springspinnenarten, die oft außen an der Hauswand herumjagen.

Prüfe doch selbst einmal die Sehstärke der Springspinnen! Halte deinen Finger etwa 10 cm vor eine und bewege ihn nach links und rechts. Siehst du, wie die Spinne sich zum Finger ausrichtet?

Bei meiner Art haben wir Männchen ganz lange Giftzangen und Taster. Mit diesen Zangen, den Cheliceren, kämpfen wir. Wir bedrohen einander damit, bis einer Angst bekommt und wegläuft.

Salticus scenicus
Zebraspringspinne
Männchen

gerade Querbinden
Wir Zebraspringspinnen waren übrigens Spinne des Jahres 2005! Doch, echt wahr!

Salticus scenicus
Zebraspringspinne
Weibchen

Ich bin eine ganz weit verbreitete Art und komme manchmal sogar ins Haus. So, jetzt muss ich aber meine Blattlaus weitermampfen!

Attulus pubescens
Vierpunktspringspinne

Auf meinem Hinterleib kannst du gut sehen, warum ich Vierpunktspringspinne heiße. Da sind vier schöne weiße Punkte.

Attulus pubescens
Vierpunktspringspinne

Ich lebe im Garten auf niedrigen Pflanzen und am Boden. Bei Gefahr kann ich schnell weglaufen. Wir Asseln fressen modernde Stoffe wie Pilze und Holzreste. Dadurch haben wir eine wichtige Rolle in der Natur, nämlich als Zersetzer.
Mich findest du oft in Wäldern und in der Umgebung von euch Menschen. Dreh doch mal ein Holzstück um! Vielleicht sitze ich ja dort. Muss aber feuchter sein, denn ich vertrage Trockenheit nicht so gut wie die Kellerassel.
Ich finde den Gartentümpel super! Andere Gewässer mag ich aber auch. Die dürfen sogar ruhig verschmutzt sein. Ehrlich gesagt, dieser Gartentümpel war auch nicht der sauberste! Aber verrate bitte nicht, dass ich das gesagt habe!

Philoscia muscorum
Moosassel

Oniscus asellus
Mauerassel

Asellus aquaticus
Wasserassel

Krebstiere (Asseln)

Porcellio scaber
Kellerassel

Du findest mich nicht nur im Keller. Nein, vor allem lebe ich draußen unter Holz. Da bin ich manchmal in Massen unterwegs! Wir Kellerassel-Weibchen tragen unsere Larven 40 bis 50 Tage in einer flüssigkeitsgefüllten Blase an der Bauchseite. So haben wir Asseln das Meer sozusagen an Land geholt und können hier oben bei euch leben.

Eigentlich leben die Krebstiere ja im Wasser. Ein paar ganz wenige haben es aber auch auf das Land geschafft, nämlich die Asseln, genauer gesagt die Landasseln. Und die waren dort recht erfolgreich, wie das Beispiel der Kellerassel zeigt. Trotzdem schaffte es auch eine Wasserassel in unseren Garten, nämlich in den Tümpel.

Armadillidium vulgare
Gemeine Rollassel

Wir Rollasseln können uns bei Gefahr einrollen wie die Saftkugler des Waldes. Die gehören aber zu den Tausendfüßern und wir zu den Asseln. Da hatten wir wohl beide dieselbe Idee. In der Biologie nennt man so etwas "Konvergenz".

Porcellio scaber
Kellerassel

Hundertfüßer

Zwei Arten der Hundertfüßer fand ich im Garten. Den großen hast du bestimmt auch schon einmal gesehen. Hundertfüßer unterscheiden sich von Tausendfüßern dadurch, dass jedes Segment nur ein Beinpaar trägt. Bei Tausendfüßern sind es zwei! Übrigens haben alle Hundertfüßer ihr erstes Beinpaar zu einer Giftklaue umgewandelt. Große Hundertfüßer können auch den Menschen recht empfindlich beißen!

Tja, ich bin ein ziemlich wilder Räuber. Ich jage Insekten, Spinnen und anderen Krabblern hinterher, packe sie mit den Giftklauen und injiziere mein Gift. Am tollsten finde ich es unter Holz und Steinen. Da findest du mich. Aber fass mich besser nicht an!

Lithobius forficatus
Gemeiner Steinläufer

Ich bin noch jung. Bei uns kümmert sich Mama um die Eier. Danach beschützt sie die kleinen Babys, indem sie sich mit dem Körper um alle rollt. Echt klasse!

Cryptops hortensis
Garten-Skolopender

Hundertfüßer haben übrigens niemals 100 Beine. Denn sie haben immer eine ungerade Anzahl an Beinpaaren, also niemals 50 Beinpaare und damit auch keine 100 Füße!

Tausendfüßer

Die Tausendfüßer haben oft noch mehr Beine als die Hundertfüßer. Kein Wunder, wenn an jedem Segment gleich zwei Beinpaare sitzen. Die meisten von allen hat *Eumillipes persephone* aus Australien mit bis zu 1306 Beinen. Sagenhaft!

Über 1000 Füße schafft aber außer dieser einen Art kein weiterer Tausendfüßer und auch kein einziges anderes bekanntes Tier auf Erden. Das hättest du nicht gedacht, oder?

Du findest mich oft unter Holz und Steinen. Ich fresse hauptsächlich Bodenlaub und andere pflanzliche Reste. Dabei nehme ich auch Erde auf und bin darum nützlich für die Bodenaufbereitung. So, nun muss ich aber weg!

Cylindroiulus caeruleocinctus
Gemeiner Feldschnurfüßer

Polydesmus

Bei meiner Gattung Polydesmus hat jedes Segment seitliche Auswüchse. Darum sehen wir recht flach aus. Ich lebe ähnlich wie mein etwas rundlicher Kumpel da oben.

Die Anzahl der Beine ist genetisch festgelegt und Teil der natürlichen Variabilität innerhalb einer Art. Darum können bei manchen Tausendfüßern Tiere ein und derselben Art unterschiedlich viele Beine haben.

FLÖHE

Und ganz zum Schluss ein kleiner Floh,
der macht mich froh!
Er saß in einem Vogelnest
und fand es da wohl allerbest!

Nun sind es gut 600 Arten,
die ich schon fand in unserm Garten.
Doch lauern sicher sehr viel mehr.
Da könnte ein Band 2 noch her.

Ceratophyllus
Vogelfloh

KRABBLERGRUPPEN

ARTEN / GATTUNGEN

D

E

F

G

Danksagung des Autors

Huiuiui, ich hätte nicht gedacht, wie viel Arbeit so ein Buch macht, allerdings auch nicht, wie viel Spaß sowas bringt! Alleine hätte ich das aber sicher nie hinbekommen. Ganz viele liebe Menschen haben mir tatkräftig und zum Teil auch finanziell zur Seite gestanden, wofür ich unendlich dankbar bin! Ich hoffe, ich habe hier nun niemanden vergessen, was unverzeihlich wäre.

Für Bestimmungshilfen, Kommentare und Rat danke ich ganz herzlich Wolfgang Adaschkiewitz (Fliegen: mehrere Familien), Dr. Werner Barkemeyer (Fliegen), Axel Bellmann (Käfer), Lennart Bendixen (Schlupfwespen), Dr. Paul L. T. Beuk (Fliegen: mehrere Familien), Dr. Rainer Borcherding (guter Rat), Dr. Rainer Brinkmann (Schnaken), Dr. Udo Bröring (Wanzen), Kay Fuhrmann (Libellen, Heuschrecken, Ohrwürmer), Andreas Grossmann (Echte Fliegen, Blumenfliegen, Fanniiden), Dr. Bernd Grundmann (Tanzfliegen, Buckeltanzfliegen, Langbeinfliegen), Prof. Dr. Volker Haeseler (Stechimmen), Rainer Heiß (Schnaken), Thomas Holle (Spinnen), Dr. Mathias Jaschhof (Gallmücken), Prof. Dr. Matthias Jentzsch (Waffenfliegen, Lausfliegen), Jens Kleinekuhle (Schmetterlinge), Susanne Michiels (Zuckmücken), Dr. Rolf Niedringhaus (Zikaden), Dr. Michael Raupach (Asseln), Dr. Carsten Ritzau (Pflanzenwespen), Prof. Dr. Walter Rossi (Laboulbeniales), Dr. Christian Schmidt (Staubläuse), Martin Spies (Zuckmücken), Dr. Peter Sprick (Rüsselkäfer), Dr. Martin Stock (guter Rat), Dr. Jens-Hermann Stuke (Fliegen: mehrere Familien), Dr. Thomas Thieme (Blattläuse), Dr. Michael von Tschirnhaus (Fliegen: mehrere Familien) und Prof. Dr. Stefan-Andreas Vidal (Erzwespen). Alles, was dann noch falsch bestimmt ist, geht voll und ganz auf meine Kappe.

Meine Chefs von BioConsult SH in Husum, Dr. Georg Nehls und Dr. Thilo Liesenjohann, glaubten an das Projekt und halfen finanziell bei den durch vielerlei Krisen gestiegenen Druckkosten. Auch meine liebe Mutter Thurid Rose und mein guter Freund Jakobus Smit waren sofort bereit zu helfen.

Klaas Jarchow und Tobias Schülert vom KJM Buchverlag danke ich ganz herzlich für ihr Vertrauen in dieses vielleicht nicht ganz dem Mainstream entsprechende Buchprojekt. Johanna Rädecke und Jana Wincheringer sei hierbei für vielerlei Orga und Projektgestaltung gedankt. Svenja Wiese hatte bei dieser Riesenmenge an Krabblern eine layouterische Mammutaufgabe zu bewältigen. Großartig und vielen Dank dafür! Ebenso möchte ich sehr herzlich dem Lektor Rainer Kolbe danken, dem noch so manches Detail auffiel. Ohne sie alle gäbe es dieses Buch sicher nicht in der vorliegenden Form.

Meiner Frau Tina möchte ich für ihre unendliche Geduld danken und vor allem für den Freiraum, wenn ich mich abends zum Schreiben zurückzog. Meine Forscherkinder Juna und Janik halfen mir mit vielen Hinweisen, wenn ich mal wieder mit der Kamera durch den Garten streifte. Außerdem gaben sie mir wertvolle Tipps, wie so ein Buch auszusehen hat. Denn schließlich sollte alles drin sein, was wir sahen, also auch die ganz kleinen Tiere und nicht nur immer dieselben auffälligen Arten, die die meisten anderen Kinder-Naturführer zeigen. Danke für eure Fantasie!

Jürgen Eigner & Holger Gerth
Das grüne Netz
Unsere Knicklandschaft in Schleswig-Holstein
NaturFreunde
Schleswig-Holsteinischer HEIMAT BUND

Knicks – von ihrer ersten Erwähnung 1555 bis heute: Schutz für Pflanzen, Tiere und Menschen. Vielfalt und landschaftsökologische Wichtigkeit.

Hardcover, 136 Seiten, 19,8 x 23 cm
22,00 € (D), ISBN 978-3-96194-116-2

Dagmar Andresen & Holger Gerth
Unsere Alleen in Schleswig-Holstein
Grüne Verbindungen zwischen den Meeren
Schleswig-Holsteinischer HEIMAT BUND

Alleen prägen seit Jahrhunderten die Kulturlandschaft Schleswig-Holsteins. Von ihrer Schönheit und ihrem biologischen Sinn.

Hardcover, 144 Seiten, 19,8 x 23 cm
22,00 € (D), ISBN 978-3-96194-218-3

Karsten Reise
DAS WATT
Erlebt, erforscht und erzählt
Wunderwelt zwischen Land und Meer
Schleswig-Holsteinischer HEIMAT BUND

Eine Entdeckungsreise, die ans Meer lockt. Küstenforscher Karsten Reise erklärt das Watt und lädt zum Naturerleben ein.

Hardcover mit Schutzumschlag
320 Seiten, 14,5 x 22,5 cm, 20,00 € (D)
ISBN 978-3-96194-137-7

Dünen
Wiederentdeckung einer geheimnisvollen Landschaft
KARSTEN REISE & ALEX S. MACLEAN

Weite Strände und Dünen säumen die Küste von Sylt bis Blåvands Huk. Die Autoren haben diese Landschaft von oben gesehen und wiederentdeckt.

Hardcover mit Schutzumschlag
192 Seiten, 17,7 x 25,1 cm, 22,00 € (D)
ISBN 978-3-96194-019-6